Verspreide gedichten 1962-2015

VERSPREIDE GEDICHTEN

1962-2015

door aantekeningen samengebonden

Wim van Binsbergen

Uitgeverij Shikanda – Haarlem

© 2015 Wim van Binsbergen / Uitgeverij Shikanda, Haarlem
http://www.shikanda.net/PRESS

ISBN / EAN 978-90-78382-18-8

Verspreide Gedichten 1962-2015 brengt in definitieve redactie gedichten bijeen waarvan een deel reeds eerder werd gepubliceerd. Om technische redenen werden geen der bundels beeldgedichten hier opgenomen, ook al zijn zij in oorspronkelijke vorm vooralsnog niet meer leverbaar. De poëzie van de auteur is uitputtend beschikbaar op http://www.shikanda.net/literary

Deze uitgave werd geredigeerd te Haarlem, Nederland, en Sal do Rei, Boa Vista, Kaapverdië, 2013-2015.

versie 1-3-2015

omslagillustratie: de Schepper moedigt de eerste mens aan om de dieren te benoemen, maar de luipaarden met hun gespikkeld vel onttrekken zich aan dit proces; San-Marcobasiliek, Venetië, Italië.

*In een jarenlang onderzoek dat thans zijn definitieve publicatie nadert (*The leopard's unchanging spots: A pictorial account of comparative research on the transcontinental history of leopard-skin symbolism, *ter perse), heeft de auteur zich uitvoerig beziggehouden met het raadsel dat in de meeste huidige taalgroepen van de wereld het luipaard met varianten van hetzelfde woord wordt benoemd – de stam *g[ ]r[ ]b/p[ ] of *b/p[ ]r[ ]g[ ], waarvan de basisbetekenis luidt 'verspreiden, spetteren' (vgl. noot op p. 122). Het luipaard is dan ook 'het dier met het spettervel' – en staat vaak voor nachthemel, nachtzijde, vrouwelijk, ondergeschikt, tweederangs, sluwe onmacht, misdadig. Het best denkbare embleem voor deze verzameling* Verspreide Gedichten, *en haar maker.*

INHOUD

HELDER 9
   RAAKS 11
   MILLENNIUM (FRAGMENTEN)
      1. LOEBÁWIETSJTJER REBBE 14
      2. SCENES AAN DE MINI-KLAAGMUUR OP HET
      CAMPO DEL GHETTO NUOVO IN VENETIË 15
      3. NOSTRADAMUS VANDAAG 17
   OUDSTE DOCHTER 18
   TOTALITEIT
      1. 19
      2. 20
   DRIE DOCHTERS 21
   SCHOTERSINGEL 25
   GEDICHT VOOR ALS IK GROOT BEN 30

EURYDICE: DODE MENSEN EN EEN VROUW
DIE LEEFT 37
   MIJN TWEEDE SCHOONVADER STERFT 39
   BIJ DE DOOD VAN NYERERE 40
   GENADENDAL 46
   VOOR THEO VAN GOGH 52
   MIJN SCHOONMOEDER VERTREKT NAAR HET
   HEMELRIJK 57
   ONZE GROOTMOEDER MATHILDE GESTORVEN 59
   KABOUTSTER 61
   EURYDICE
      1. 'DE VROUW DRAAGT EEN MAND, MAAR ER
      ZITTEN GEEN EIEREN IN' (*I CHING*) 63

2. 'ACH ICH HABE SIE VERLOREN' 67
3. DE MORGENSTER 70

BRAAMBOS 73
1. 77
2. 78
3. 79
4. 80
5. 82
6. 83
7. 84

VLOED (2007) 85
1. EN IK BEN DE BABY 89
2. EN IK BEN NÓEACH 96
3. IN DE VAL 100
4. KLAAGLIED UIT HET OERWOUD VAN
ZUID-AMERIKA 104
5. DE VLOED OPEENS AAN DE LIPPEN 109
6. WIE AAN DE DIJK WOONT 114
7. EN IK BEN JOHANNES 118
8. SACRE DU PRINTEMPS 123

VROEG (1962-1979) 127
VROEG 129
GEDICHT 130
WOORD 131
AVOND 132
BEETHOVEN 133
ZOMER 1963 134
VOOR ALLEMAAL 135
'KOM, ER IS TOCH GEEN REDEN OM BANG
TE ZIJN?' 137

Inhoud

BLIJF STAAN, HOEWEL DIE NACHT U LOKT –
DYLAN THOMAS 138
ROERLOOS (SONNET) 139
ONTBIJT – JACQUES PRÉVERT 140
KENTERING 142
PUBERTEIT 144
DIAGNOSE 146
ZONSOPGANG 147
ZWANGER 148
HUWELIJK 149
DREIGING 150
VOOR JOU TOEN JE DOODZIEK WAS
    1. 151
    2. 152
    3. 153
    4. 154
    5. 155
    OUDER GEWORDEN 156

TROEBEL 157
    PANGOLIN 159
    VOOR TRECY 161
    TROOST 161
    GILGAMESJ
        1. 164
        2. 167
    LIEDJE 168
    AFSTANDELIJK 169
    PALMZONDAG 171
    PLENGEND AAN MIJN HEILIGDOM 173
    HEILIGE GEEST 177

Inhoud

LIEF 179
       IDENTITEIT 181
       BRAAKLAND... 183
       ANIMA ET ANIMUS 184
       HUID.. 186
       VROUW HOLLE 190

REGISTER.. 193

HELDER (1995-)

Helder

RAAKS[1]

Cyclopische[2] bouwput
de stad ligt er concaaf, in negatief
de hemel heeft zich losgerukt van boven nauwe straten en
haalt hier triomfantelijk haar schade in – wondrafels
steeds weer opengekrabt door bulldozers die zich op onverwachte
puinhellingen hoger wagen dan de huizen eromheen – bergsport
ligt tegenwoordig immers binnen het bereik
van elke autochthoon

Wondrafels opengesperd door bouwkranen die de gedrongen
toren van de daarachtergelegen, middeleeuwse
verrassend blauwzwemende Bavo[3]
honen om zijn voornemen stand te houden
waar kleinere, negentiende-eeuwse gebouwen, zelfs kerken
kennelijk allang gevloerd zijn of scheef weghurkend
(vergeefs dekking zoekend achter de opgehouden
arm van een ontvleesd gevelskelet met hijsbalk)
SM[4]-klappen incasseren, naakt tegen een pornohorizon
Vicit Vis Virtutem[5]

---

[1] *Raaks*: gedempte voormalige sluiskolk in het centrum van Haarlem, rond 2010 verbouwd tot nieuw winkelcentrum.

[2] In de prehistorische archeologie van het Middellandse Zeegebied worden muren gebouwd van zeer grote, onregelmatige en ongevoegde rotsblokken cyclopisch genoemd.

[3] *St Bavo*: middeleeuwse Gothische kerk op de Grote Markt te Haarlem, in de zestiende eeuw overgegaan in Protestantse handen; in de tweede helft van de negentiende eeuw, na de emancipatie van het Rooms-katholiek volksdeel, werd juist buiten de Haarlemse veste de Kathedrale Basiliek St Bavo gebouwd langs de Leidsevaart. In het jaar 1999 werd ik voor het *Haarlems Dagblad* geïnterviewd over de (naar ik meen) Islamitische toekomst van de stad; de foto bij het artikel toonde mij met op de achtergrond deze Kathedrale Basiliek, die ik spoedig zag veranderd worden in een moskee, terwijl de traditionele Haarlemse cultuur van stamppot met varkensworst (HEMA / الهيما; zie verder) nog door de Islamitische overheid getoleerd werd in de hofjes, die toeristische trekpleisters bleven; zie: H. Geist, 'De Grote Kerk is een moskee geworden', *Haarlems Dagblad*, 20-12-1999, vgl. http://www.shikanda.net/publications/GroteKerkmoskee1999.pdf.

[4] *SM*: sado-masochistisch, een door de edellieden De Sade en Von Sacher-Masoch geïnspireerde sexuele voorkeur waarin geweld en vernedering centraal staan.

Helder

Gauw verder dus
ha, tegenover de HEMA[6] (toch al botoxbeglazing[7] die de kuifgevel uiteenrukt)
heeft achter een smeedijzeren hek een hof
zich vierhonderd jaar weten te handhaven,
verguldsel zelfs vernieuwd, maar eindelijk
komt daarachter de twee verdiepingen hogere nieuwbouw
de horizonlijn van de toekomst uitschreeuwen in het Euro's[8]

(nog lang niet klaar, dus de nobele passend gedecolleteerde[9]
bouwvakkers hebben op hun hoge dak
een tijdelijk schaftlokaal opgericht
met mansgroot, druiperig opschrift TONY'S PLACE
een nieuwe Internationale[10] vanaf de nog met betonsporen
bemorste plaatdelen)

Dit is de westkant van de binnenstad, doodstijding, al verwijzend naar
schorre avondeilanden van vergetelheid en boekloosheid
waarheen verjaagde huisgeesten zich spoeden, handen op de oren en ogen

---

[5] *Vicit Vis Virtutem*: 'De [snelzwemmende?] vis laat de deugd achter zich'... verhaspelde wapenspreuk van Haarlem, ook wel geïnterpreteerd als 'Wim wordt door de deugd overwonnen' (daar wordt aan gewerkt), of: 'moed overwint geweld'.

[6] *HEMA*: Grootwinkelbedrijf met vele filialen inmiddels door heel de Benelux; legt zich toe op verantwoorde en goedkope produkten.

[7] Het farmaceutisch product *Botox* wordt de laatste jaren veel gebruikt in de plastische chirurgie, om rimpels en huidplooien weg te werken. 'Botoxbeglazing' suggereert een bolstaande, strakke glazen wand die een volstrekt anachronisme toevoegt aan een oude kuifgevel; zoals in Haarlem-Centrum, naast de HEMA.

[8] *Euro*: sinds 2002 wettig betaalmiddel in de Europese Unie waaronder Nederland; het Euro's is de taal van dit betaalmiddel; het gebouw spreekt die taal.

[9] Het zogenaamde '*bouwvakkersdecolleté*' doet zich voor wanneer een werker in de bouw, enig overgewicht vertonend en bukkend / hurkend / knielend in een niet te strak aangehaalde spijkerbroek, de toeschouwers een diepe inkijk in zijn bilspleet gunt.

[10] De naam 'TONY's PLACE' is onmiskenbaar aan de hedendaagse media-industrie ontleend, die aldus na de diverse socialistische Internationale verbanden van de negentiende eeuw, proletariërs een nieuw brandpunt van identiteit verschaft bevrijd van de culturele aspiraties (namelijk verheffing van de arbeider) van het vroege socialisme.

Helder

Wat hier afsterft lijkt aan de oostkant weer aan te groeien
niettemin, als zout uit een gekantelde puntzak vloeit uit de Raaks
verleden weg, beelden en grenzen, de Leidsevaart over
ver naar het westen het eind van de Brouwerskolk.[11]

---

[11] Tegenover de Raaks mondt in de Leidsevaart uit: de Brouwerskolk, die in de middeleeuwen het zuivere duinwater aanvoerde waarmee het beroemde Haarlemse bier werd gebrouwen.

Helder

MILLENNIUM (FRAGMENTEN)

1. Loebáwietsjtjer Rebbe[12]

Weisvíel[13]
fun der Loebáwietsjtjer Rebbe
het is een kleine man met een hoed
die soms het heelal liet klaarkomen
zo godverdomd lekker dat ze het uitriep van *'malkóét ha mesjíé-ach'*[14]
en ons nog wat langer duldde in haar zijknatte plooien
een beetje als Goeméde,[15] venter in brandhout groenten kruiden waarheid
in Francistown Botswana
die mij alles geleerd heeft wat ik
en die ik stervensbegeleidde

'Schoen om te gaan en terug te keren'
moeder en zoon: *Take*, liefste combinatie van het viertablettenorakel[16]

En ik heb ook zo'n hoed.

---

[12] Lubáwicher Rebbe: belangrijkste leider van Chassidische Joden in de Verenigde Staten; wordt door velen van hen als Meshiach ('Messias', gezondene van god) beschouwd, zoals Jezus door de Christenen; komt ook elders in dit boek aan de orde.

[13] Jiddisch: 'weet ik veel...?'.

[14] Hebreeuws: '[het] koninkrijk van de Gezalfde [is gekomen]'. Zalving is de beslissende wijdingshandeling voor koningen, priesters, gelovingen *etc.*

[15] De Heer Smarts Gumede (1926-1992), kruidendokter te Francistown, Botswana, en een van mijn leermeesters op het gebied van het aldaar gebezigde, geomantische viertablettenorakel. Zijn praktijk leverde niet genoeg op om van te leven, dus moest hij daarnaast groenten en brandhout verkopen. Tegen het eind van zijn leven, toen ik zelf de status van volleerd waarzegger-genezer had bereikt, keerden onze rollen om en werd ik zijn geestelijk leidsman.

[16] In het Botswaanse viertablettenorakel is *Take* (uitspreken alsof het Nederlands is) de combinatie ▢■■▢, waarbij het tablet voor 'moeder' (uiterst links) en 'zoon' (uiterst rechts) bij het werpen *open* neerkomen d.w.z. met de afbeelding naar boven, en de beide andere tabletten ('vader' en 'dochter') gesloten. De uitdrukking 'schoen om te gaan en terug te keren' is de vaste loftuiting aan het orakel die wordt geuit als deze combinatie opkomt. *Take* wordt onder meer geïnterpreteerd als 'succesvolle onderneming of activiteit'.

Helder

2. Scenes aan de mini-klaagmuur op het Campo del Ghetto Nuovo in Venetië[17]

Ik vervoeg de geschiedenis
van de twintigste eeuw
hier ben ik weggevoerd
hier heb ik weggevoerd[18]
hier werden wij weggevoerd
hier probeerde ik mijn Roofdierenklauw uit want mijn Kameraden keken
hier gaf ik na anderhalve dag treinen toe aan die emmer[19] en
                goddank niemand keek
hier liet ik ze die Emmer leeglikken want de Mensch heeft het Dier overwonnen
hier struikelde de trein onwillig over de laatste wissel maar
                veranderde niet van richting
hier hurkte ik op mijn Schedelhoop,[20] graaiend, wegend, ze rolden
                stuiterend weg uit mijn twee Handen,

---

[17] Rond de 'Nieuwe IJzergieterij' (Ghetto Nuovo) te Venetië werden ca. 1500 de vele plaatselijke Joden met geweld geconcentreerd; dit was het begin van de uitdrukking 'getto' voor Jodenwijk. De plek is nog steeds een centrum van Joods leven. Amerikaanse volgelingen van de Lubáwicher Rebbe klampen voorbijgangers aan met hun boodschap, en er is een groot, van reliëfs voorzien Holocaustmonument dat voor mini-klaagmuur kan doorgaan (*vgl.* het origineel te Jeruzalem).

[18] Afwisselend spreken vervolgde en vervolger, met dezelfde stem – zij zijn helaas nauwelijks te onderscheiden.

[19] De transporttreinen naar de concentratiekampen hadden geen toiletten.

[20] De betekenis van de naam Golgotha, de plaats waar Jezus zou zijn terechtgesteld, is: 'schedelplaats'. In de Grieks-Romeinse mythologie waren diverse monsterlijke personages geassocieerd met schedelhopen, zoals Cycnus, Diomedes de zoon van de oorlogsgod Ares / Mars, Antaeus de zoon van Poseidon en Gaia. Voor een uitvoerige vergelijkend-mythologische analyse van deze en andere voorbeelden, zie: Wim M.J. van Binsbergen, 2010, 'The continuity of African and Eurasian mythologies: General theoretical models, and detailed comparative discussion of the case of Nkoya mythology from Zambia, South Central Africa', in: Wim M.J. van Binsbergen & Eric Venbrux, red., *New Perspectives on Myth*, Haarlem: Papers in Intercultural Philosophy and Transcontinental Comparative Studies, pp. 143-225. Het hier behandelde Nkoyavolk van Westelijk Zambia heeft de hoofdrol gespeeld in mijn onderzoek sinds 1972.

Helder

Hier droeg ik niets dan mijn blote vuile lijf vol haren wat kon ik hun rattenblikken nog tonen was ik vroeger mooier (alle trots en hoop van onze ouders, de stalen beelden van jouw verrukking, alle bloemen alle wolken, de toekomst van ons gebensjt[21] kind aan mijn hand, alle stoffenwinkels van onze buurt en ook van tassen en hoeden, alle boeken vooral het eerste dat je voor mij had geschreven, mijn liefde voor jou was die maar nog veel groter geweest, mijn liefste halsketting, de blote oude vrouw voor mij een door engelen gedragen heilige, de muziek van onze laatste avond, en alle onbegrepen gramschap van Wie dit zo heeft gewild of toegelaten in Zijn grootheid – kan het een Zij zijn, met zoveel licht?) het gat in dat ik was geweest in de tijd, zoetgeurende gifcocon voor een vlinder
en daarna heb ik die Lijken volgens Bevel laten afvoeren naar de Crematieoven
hier leef ik nog wij blijken samen hou va
Mein Gott, hier was ik de Dood.

---

[21] Jiddisch: 'gezegend'.

3. Nostradamus vandaag

Als hij diep genoeg in het glaasje
neemt Nostradamus[22] het woord dat als een ingedroogde vijg klaarligt
wrijft erover en voorspelt de Euro, de schandalen van de *Banco
Lombrosiana*[23]
de crisis van de Oostaziatische economieën, en koerswinst op Shell:

Ha, geschaakt berijdt de Maagd de Stier[24] *die westelijk onder
klaagzang kromtrekt als een bepiste nieuwjaarsdraak
ik zie de steden Cambrium, Siluur, Devoon, Carboon, Perm*[25]
de kleine krijten kont kussen van de gele Slang

Ha, gekraakt strompelt het kleine geheim van deze *Njoewe Eedzj*[26]
(hoedje op) door de gierbak van zijn voorspelbaarheden
er moet toch iets zijn, telepathie is zo goed als bewezen, de datum
voor lancering van onze *wepsijt*[27] komt uit een progressiehoroscoop
tot op een tiende graad nauwkeurig, *state of the art software*, vanzelf
wil je die niet ook doorverkopen vanaf je *sijt*?

---

[22] M. Nostradamus (1504-1566), veelvuldig herdrukt auteur van voorspellingen waarvan de toepasbaarheid zich tot in onze tijd zou uitstrekken. Een jaar voor zijn geboorte waren zijn Joodse ouders tot het Christendom overgegaan.

[23] *Lombroso*: 19^e-eeuwse crimonoloog die uit lichaamskenmerken zoals schedelvorm neiging tot criminaliteit wilde aflezen. *Banco Ambrosiana*: de bank van het Vaticaan, genoemd naar de heidense godenspijs ambrozijn, en op het eind van de 20^e eeuw zwaar in opspraak geraakt.

[24] Hoewel dit onzinnige Nostradamus-fragment volkomen fictief is, verwijst het beeld van de Maagd die de Stier berijdt naar de mythe van Zeus die onder de gedaante van een stier de Phoenicische prinses Europa ('Wijdeblik') ontvoert over de Middellandse Zee.

[25] *Cambrium...*: dit zijn niet de namen van steden maar van geologische tijdperken in het Paleozoïcum – termen die pas drie eeuwen na Nostradamus in zwang kwamen. Krijt is een tijdvak in het Mesozoïcum. De opkomst van China als militaire en economische grootmacht is echter juist voorspeld. En de gele slang kan alleen de oliemaatschappij Shell zijn.

[26] *New Age*, een hedendaagse ideologische stroming waarin de voorlopige resultaten van de natuurwetenschap opgetogen en onkritisch worden toegeëigend, en in een digitale omgeving gecombineerd met magische fantasieën.

[27] *website*.

Helder

OUDSTE DOCHTER

En op het andere, verre houtvlot
haar vader, hij kan niet bij haar komen
maar het lijkt alsof hij zwaait met iets dat op
instemming lijkt.

Helder

TOTALITEIT[28]

totale zonsverduistering, 11 augustus 1999

1.

De Schwarzwälder boer hobbelt de gelagzaal uit
terwijl hij uit zijn broekzak een eclipsbril vrijmaakt
papieren kleinood kennelijk al lang geleden
historisch gegroeid als vast onderdeel van de klederdracht
die *holländische Familie* heeft zich onder een
Maginotlinie[29] van paraplu's verschanst op het terras met
rugdekking van hun witte amfibietank[30] vol tenten, tassen, kano's
nah ja, die zon is ook van hen; hij tuurt (volwassene doet kind)
besmuikt omhoog: nog niets tussen de wolken door te zien
misschien een deukje maar wie kijkt er anders
ook in de zon wie weet hoort het wel zo
terug dus naar het bier; maar wij, van ver,
wij houden koppig stand onder de regen
terwijl het maar niet donker wordt.

---

[28] *Totaliteit*: de paar minuten dat tijdens een 'totale' zonsverduistering de maanschijf, zoals gezien vanaf een bepaald punt op aarde, de zonneschijf volledig lijkt te bedekken, met als gevolg volkomen duisternis, zichtbaar worden van de sterren, van de aura – vlamvormig oplichtende kring van uitgestoten gassen – rond de zon, en bijbehorend nachtelijk gedrag van de natuur. Door de draaiing van de aarde beweegt de totale zonsverduistering zich in verloop van enige uren over een ca. honderd kilometer brede band die van west naar oost loopt. Bij de totale zonsverduistering van 11 augustus 1999 strekte deze band zich uit van Land's End (Engeland) tot de Zwarte Zee, onder meer over het Schwarzwald in Zuid-Duitsland; daarbuiten, onder meer in Nederland, deed zich gelijktijdig slechts een minder dan totale zonsverduistering voor.

[29] *Maginotlinie*: ondoordringbaar geachte verdedigingslinie van Noordwest-Frankrijk aan de vooravond van de Tweede Wereldoorlog.

[30] Het gezin beschikte over een witte *Volkswagen Transporter* bestelbus.

Helder

2.

In het Schwarzwald
valt opeens de nacht de regen alle geluiden
van honden vogels krekels sterren
in paniek als onder vijandig vuur
bemannen Duitsers hun auto's
schnell schnell met groot licht weg dat dorp uit
maar de voorhang scheurt, graven al jongste
dag: 'deze

Was waarlijk de zoon van god'.[31]

---

[31] *de voorhang scheurt... zoon van god*: het *Nieuwe Testament* (onder mee *Mattheüs* 27:53) beschrijft de gebeurtenissen die de kruisdood van Jezus van Nazareth zouden hebben begeleid, zoals een zonsverduistering, het scheuren van het gordijn dat in de tempel van Jeruzalem de toegang tot het binnenste heiligdom afsloot, en het opstaan van doden uit hun graven. Deze gebeurtenissen zouden een Romeinse honderdman (legerofficier) de uitspraak ontlokt hebben: 'Deze mens was waarlijk de zoon van god' (*Mattheüs* 27:54); dit laatste was een hoge maar niet geheel unieke hoedanigheid in de Grieks-Romeinse wereld.

Helder

DRIE DOCHTERS

Ik buig voor jullie
mijn drie dochters

Jullie broers waren, dacht ik eerst
een groter waagstuk voor mij
zoals een smulpaap overweegt
zichzelf op te eten
beginnend bij de tenen
om tegen het eind zichzelf
binnenstebuiten te keren
als een gevoerd kledingstuk dat
bijna klaar is, de naaister[32]
kan op dat moment nog kiezen
er zich voorgoed in te verliezen
zoals jullie grootmoeder deed – geen wraakgeest
die de bedrieglijke buitenkant aftastend
haar nog kon vinden, zelfs ik niet toen ik dacht
dat mijn leven verankerd was in haar liefde
voor mij, in plaats van voor haar
nooit gekende eigen vader, en voor de mijne
die we maar al te goed hadden leren kennen
toch buig ik diep voor haar, als Van
Kilsdonk[33] op haar begrafenis

---

[32] Van haar 16ᵉ tot haar 45ᵉ was mijn moeder ondernemster van een confectiebedrijf, waarvoor zij een vakopleiding had. Daarna ging zij in een buurthuis en in het onderwijs werken als lerares handvaardigheid, en studeerde zij met succes, maar in alle opzichten te laat, orthopedagogie.

[33] *Jan van Kilsdonk*: katholiek priester, tegendraads lid van de Jezuïetenorde, leidende figuur van de Amsterdamse Studentenecclesia in het midden van de twintigste eeuw; mijn moeder had op het eind van haar leven contact met hem en hij ging voor in haar begrafenismis, waarbij hij in een verbluffende preek haar dramatische leven in detail schetste en eer bewees.

Helder

Ik buig voor jullie moeders
in wie ik op mijn beurt heb
geprobeerd mij te verstoppen
mijn moeder achterna, het oneindige
labyrinth in tussen binnen en buiten
ik buig voor jullie moeders: zij zijn
tegen mij bestand gebleken
ondanks blijvende schade

Ik buig voor jullie broers, door hen heb ik
alsnog leren houden van mannen:
van mijn broer, van jeugdvrienden, collega's,
zelfs een beetje van de onbekende, te grote,
walgelijk naar man ruikende man
die te dichtbij komt staan in de gemeenschappelijke
douche in de sportschool, of die tegen mij knipoogt
in een Rotterdamse tram vol jonge zwarte vrouwen
in jullie broers kijkt mijn eigen vader mij aan
zoals ik hem opstandig herken van de spiegel:
niet meer krankzinnig, hij ramt er niet meer op los,
houdt ook verder zijn poten thuis, propt geen genadebrood
meer in mijn mond in zijn huis met die vrouw
en wenst me geen kanker meer
zoals op zijn sterfbed (elke dag check ik
of het al zover is)
ook voor hem dus een
zeer lichte buiging

Helder

Het diepst buig ik voor jullie
mijn drie dochters
ik mocht jullie helpen maken, was mede-
strijder met jullie moeder bij je geboorte
en diende daarna de eerste jaren
dag in dag uit als opperkamerheer
in jullie hofhouding van schone broek,
van babykleren met mouwtjes aandoen
zonder iets te breken
darmkrampjes en urenlang
masseren en zingen en inslapen op mijn borst
verheerlijkt onder het omgekeerde
engelengewicht van hemelvaart
(dat was later; want in Nezjma's tijd
dacht men nog dat een baby verwend kon worden
die moesten we dus laten huilen van de
dokter, tot haar Afrikaanse voorvechtsters
ons dat – met een rechtzaak dreigend – verboden[34]
maar toch vooral ook bij haar het samen zwelgen
in die aanvankelijke grenzenloosheid)

---

[34] Het hier vermelde voorval deed zich inderdaad voor tijdens veldwerk bij de Nkoya, 1973-74. Volgens het Nkoya-recht waken alle inwoners van een dorp en met name alle vrouwen erover dat een kind geen geweld wordt aangedaan; wordt een vergrijp op dit punt geconstateerd (*bijv.* een kind krijgt een te zware emmer water te dragen, of wordt niet getroost als het huilt), dan leggen de dorpelingen een kleine geldboete op, dreigen met een rechtzaak, en maken de vergrijper onsterfelijk belachelijk – bij voorbeeld door poedelnaakt (als een pasgeboren kind) om hem of haar heen te gaan dansen. Dat laatste bleef ons gelukkig bespaard.

Helder

Het is een wonder dat onze familie
überhaupt nog dochters gegund werd
is elke vader van dochters een monster?
na hoeveel jaar openbaart zich dat?
pas als het pijn doet weet je dat je afstand genoeg neemt.
hoe voltrek je schuchter maar beslist
de overgang van bloot babylijf op je schoot naar
driedubbel aangeklede tiener op armlengte? kloppen
aan de badkamerdeur, schaamte
als ze me naakt ziet op de gang? en mag je haar ooit weer
knuffelen zoals toen ze klein was
(ze is nog steeds zo vaak zo ongelukkig, en heeft pijn, en ik
verjaagd naar het kantoor van woorden

terwijl mijn armen, hunkerend om te troosten, nog staan naar
de ronding van haar babykontje)
hoe leer ik niet te kijken, niet te spreken
hoe vind ik dan ten minste de beste woorden
nu mijn ware opdracht lijkt: grens te zijn?

Ik buig voor jullie
mijn drie dochters
die de last van al die generaties
welgemoed van mij hebt overgepakt en niet aflegt
ook nu je er soms onder dreigt te bezwijken
wij zijn elkaars strenge werkelijkheid
waar het hart getart blijft, redeloos
poëzie als witgekalkt dekorstuk niets toevoegt
en jullie mooier zijn dan sterren en reeën
maar even ver en ik hoef niet dichter, door jullie
heb ik mens mogen worden.

Helder

SCHOTERSINGEL[35]

Chic hoor:
een park als overbuur
gelukkig door een wijde gracht gescheiden – haar zand en onkruid
waait al genoeg in onze straatgoot aan en tegen onze
voortuinheggen

Geslechte vestiginggordel kenbaar nog alleen
aan scherpe bochten in het water en een vage
schansheuvel aan de overkant
waarop zware beuken in het najaar
zonlicht versnijden met ochtendnevel
en dat wil Haarlem zijn? hier stonden destijds
hutjes van Spaanse troepen tijdens het beleg
de veste zelf begon pas bij de
Barteljorisstraat

Ook komt de maan hier op vanachter de overlangs
gehalveerd weer teruggelegde reuzen-
cylinder van het station; reizen
roept verwaaid berichten
maar in de zomer alles afgeschermd met groen
Orion hangt daar soms, en aan de noordkant, voorbij het zenith
bijna altijd de Grote Beer

---

[35] Woonomgeving te Haarlem.

Helder

De witte waakganzen moeten nu hun plaatsje
delen met brutale, vertederend vruchtbare, bonte
nijlganzen van de Middellandse Zee
het badhuis werd een buurthuis maar de doelgroep
woont kennelijk nauwelijks in deze huizen
Merhaba, Ehlibeyt![36]

Niet langer werpt de bejaardenflat[37] zijn overmaatse
slagschaduw door deze gulden snede
maar bij het grafgroene sloopveldje
voorspelt een verroeste kampeerauto de toekomst
nu deze vluchtweg afgesneden is
en wij de dagelijkse rollatorparade moeten missen
rest ons, vergrijzende bewoners, enkel nog
het Dolhuys, fraai gerestaureerd
en door de hele stad bewegwijzerd
maar het was toch voor melaatsen?[38]

---

[36] Het ex-badhuis / buurthuis droeg Turkse opschriften (in de zijstraten zijn Turkse immigranten ruim vertegenwoordigd), tot het in de jaren 2000 werd opgeheven en een architectenbureau het pand ging gebruiken.

[37] De hoge bejaardenflat die tientallen jaren lang de singel ontsierde, werd gesloopt en maakte plaats voor eengezinshuizen bekleed met roestend plaatstaal.

[38] Complex uit de 16e-17e eeuw, oorspronkelijk bekend als 'de Leprozen' – buiten de stad gelegen onderkomen voor melaatsen. Inmiddels is er een museum voor de geschiedenis van de Nederlandse psychiatrie in gevestigd, – een privé-onderneming met een armetierige en zonder specialistische kennis gepresenteerde collectie, in een stad zonder universiteit.

Helder

Vanaf de treinen en auto's van het bolwerk
tussen de bolwerkbomen steile glazen grens
Hans en Grietje's[39] wit bruggetje
waar de in spiegeling[40] verdubbelde fonkelende
tandenrij van de huizenwand toelacht
naar binnen gebogen, alsof je je al in de mond bevindt
toegehapt bent willens en wetens
verteerd door het Schotersingelgevoel
maar sinds kort mogen er auto's over[41]

---

[39] Verwijzing naar het gelijknamige sprookje van Grimm.

[40] In het hier zeer brede water van het bolwerk. De verwijzing ook naar het sprookje 'Grote Klaas en Kleine Klaas', waarin een parallelwereld onder water wordt opgeroepen.

[41] Vele jaren lang was de witte brug alleen voor voetgangers en fietsers; zodat in een moderne stad waar het autoverkeer bepalend is voor de interne communicatie, een autovrij scherm bestaande uit een smal park (door Zocher ca. 1840 aangelegd uit de geslechte bolwerken) deze laatste, met hun spoorlijn, leek te scheiden van de singel. Tijdens ingrijpende rioolwerkzaamheden in de tijd dat dit gedicht werd geschreven, werd de brug ook opengesteld voor autoverkeer, maar dat is inmiddels al lang weer verleden tijd.

De Schotersingel, Haarlem, ca. 1900 (zie volgende bladzijde)

Helder

Vandaar ons extra cordon van eigen
geparkeerde auto's (van wie is toch die
Audi, en die Eend is al geen etmaal van haar plaats geweest!)
krans van verkeersdrempels weert verder
wie ongenood is; *'voorbijgangers:*
hier melden'

't Is dinsdag, en de vuilnisbakken
hebben hun tweewekelijkse buurtvergadering, verschillen
tonend in beplakking, verweerde nummers, mate
van afgeladenheid halfopen kleppen (maar is dat wel
mijn eigen vuilniszak die daar zo uitsteekt?)

In de ochtendzon schuift voor de bloeiende voortuinen
de handgekleurde foto van meiden met muts, een smeris, een man
met een handkar, misschien al dezelfde bomen
maar nog alleen de witte grote huizen, de oudste
die zich de weilanden en kleine neringen
die zij als eerste verdrongen nog herinneren
(in hun tuinen nog Spaanse knopen, pijpekoppen)
daartussen alleen de belofte
van veel latere
iets kleinere
huizen in baksteen

Helder

In een kwart eeuw bewoning
kennen wij bij zoveel huizen een dode
het blijven buren, het kost geen enkele moeite
hun stem nog te horen, hun kraambezoek in details te herinneren
is dit dan allemaal alleen een raster waar wij doorstromen
een hard onverslijtbaar raster dat ons
onze eigen broosheid pijnlijk aanwrijft?
of is het toch de open, doorverbonden
binnentuin van een groot feest
vol bomen en vogels, als een bos
dat ons uitnodigt?[42]

---

[42] Ondanks de locatie in het centrum van Haarlem, kent de binnenkant van het huizenblok de rijke avifauna van een bos.

Helder

GEDICHT VOOR ALS IK GROOT BEN

Parijs 1995[43]

Sinds mijn laatste gedicht
zes keer om de wereld gereden in diverse auto's
stopt opeens
op mijn rug hoofd te kleine ruimte gewrongen
smeerhanden op de tast schroefdraad moertje voeren
kom! (zuigklik 2x) lekker moertje van baasje hap
stik
val
weg
halverwege de maan dus[44]

En daar hang ik voorlopig
jezusachtig toch nog
hier is het goed naar adem snakken
toch nog bijna tussen de sterren
vacuüm – zó lang verafschuwd – went
(als een congres vol antropologen
die elkaar snaterend de zelf uitgerukte
Incaharten voorhouden
kijk zo doe ik dat kijk zo lillend druipend
krijg jij de prijs voor het mooiste bloed-laten-druipen-in-je-oksel-
                        vanaf-je-hooggeheven-hand

---

[43] Ik bezocht Parijs voor het eerst met mijn broer en jongste zuster, in 1962 ten tijde van de zelfmoord van Marilyn Monroe (ik hoorde de eerste berichten daarover via de Parijse boulevardbladen), probeerde gedichten te schrijven in het Luxembourg-park, centraal gelegen in het Parijs van de linkeroever, de intellectuele wijk, en keerde er nog dikwijls terug, onder meer in 1995 als Afrikanistisch deskundige aan de Ecole des Hautes Etudes en Sciences Sociales, Boulevard Raspail.

[44] Spreker probeert tijdens ruimtewandeling buiten het ruimteschip, tegen beter weten in, een fout aan zijn ruimtepak te herstellen.

Helder

zal dat even een mooie A-publikatie[45] worden)

Went?

Wimt?
o die
die liep hier vanmiddag door het Luxembourg
waar hij 33 jaar geleden een lang gedicht schreef
voor het eerst in Parijs
dichtertje gespeeld tussen de stoelen-[46]
dans[47] (rustig aan!) met Rimbaud
gelukkig bijtijds weggegooid
en nu enkel nog als inscriptie
op de 12-etages-hoge bronzen plakkette
aan de uitgang-Boulevard St Michel:[48]

---

[45] *A-publikatie:* vanaf de jaren 1990 werden de sociale wetenschappen in toenemende mate beheerst door de obsessie om artikelen onder te brengen in hoogwaardige, door peren (?? 'pear-reviewed' ??) geredigeerde tijdschriften, die dan vervolgens naar tijdschrifttype werden ingedeeld, beoordeeld en verrekend door de academische werkgevers. De volgende regel verwijst naar de uitdrukking 'alles went, zelfs hangen'.

[46] Belangrijk kenmerk van het Luxembourg is, of was, dat er per tijdseenheid stoelen te huur waren.

[47] De stoelendans was een populair kinderspel kort na de Tweede Wereldoorlog. In een kring werd een aantal stoelen geplaatst gelijk aan het aantal spelers min één; de spelers gaan op muziek rond de stoelen dansen, en als de muziek stopt moet ieder op een stoel plaatsnemen – wie geen plaats meer vindt is af, waarna het spel wordt voortgezet met steeds één stoel minder.

[48] *Boulevard St Michel:* Parijse boulevard waar de voornaamste ingang is van het Luxembourg. *Bronzen plaquette:* denkbeeldige herinneringsplaat op belangrijke plekken uit het persoonlijke verleden.

Helder

'DE TABULA SMARAGDINA[49]
(zoek *bijv.* onder Hermes of alchemie of Ruska of bel Mulisch, Ina)
wat dacht je, deze dichter is niet meer van de straat
maar van het park met ingang aan
waar nu dus die plakkette staat)
tafel van esmeralden smarten
ondersteboven hang ik[50] groen en van harte
met mijn naam op een kier
en mijn stemspleet als lier
duizel Dino[51] die Odin moest heten'
(volgt uiteraard een spotje voor maandverband)
    ik was vijftien
    wat kun[52] je op die leeftijd
    nou helemaal voor
    puberverdriet!

---

[49] Stenen tablet uit de Late Oudheid, die een beroemde hermetische tekst bevat, d.w.z. afkomstig van een esoterische, onder meer alchemistische stroming uit die tijd, toegeschreven aan de mythische Hermes Trismegistus. Het standaardwerk hierover is: J., Ruska, 1926, *Tabula Smaragdina: Ein Beitrag zur Geschichte der Hermetischen Literatur*, Heidelberg: Winter. Mijn wereldwijd vergelijkend-historische onderzoek van de geomantische divinatie die ik in Botswana tijdens veldwerk had leren kennen, bracht mij al spoedig in contact met dit soort literatuur, die ook in de door Martin Bernal geïnitieerde 'Black-Athena'-discussie een grote rol speelde. Een factor hierbij was ook mijn lezing (op reis door Zuidelijk-Afrika, 1990 – dezelfde langdurige reis waarop ik werd toegelaten tot de status van leerling-*sangoma*) van het boek *De Slinger van Foucault*, van Umberto Eco (*Il Pendolo di Foucault*, zonder plaats, Bompiani, 1988). De Nederlandse auteur Harry Mulisch was goed thuis in de Hermetica. Ina was de naam van de echtgenote van de uit vroege Nederlandse hoorspelen bekende detective Paul Vlaanderen, tot wie deze laatste in veel van zijn uitingen het woord richtte.

[50] *ondersteboven hang ik*: verwijzing naar de Germaanse God Odin, die (volgens de overlevering van de *Poëtische Edda*, namelijk *Havamal*) negen etmalen ondersteboven in een boom hing, als een gehangene, om aldus de met magische krachten geladen runetekens te leren; iets dergelijks wordt verteld van de Yoruba-god Shango, Nigeria.

[51] *Dino*: Naam van de hond van de Flintstones, een voorhistorisch gezin verbeeld in de gelijknamige serie tekenfilms. Een metathesis van Odin. Het verband met menstruatie blijft onduidelijk. Misschien assimilatie met de vrouwennaam Dido, koningin van Carthago die door de naar Italië vluchtende Trojaan Aeneas in de steek werd gelaten en zelfmoord pleegde. Waarschijnlijker: in Zuidelijk-Centraal-Afrika, onder meer bij de Nkoya, bestaat de mythe (zie onder, p. 104) dat vroeger het koningschap voorrecht van vrouwen was, maar hun werd ontnomen omdat zij bleken (!) te menstrueren. Overgang naar het moederthema in de volgende zin.

[52] *sic.*

Helder

(Zij[53] heeft hem nooit gezien

    als zij contact met hem zou zoeken
    (had oma gezegd, trotse weduwe met bijgebouwtje)
    zou er iets vreselijks gebeuren
    erger nog dan de grote halfbroers die hun vaderloos half-
    zusje in de kist opsluiten[54]
    ze was zestig toen ze eindelijk durfde gaan
    kwam er in Berlijn achter dat hij haar daar nog
    34 jaar ontkend had tot hij daaraan
    (daaraan? en er dan toch nog 34 jaar over doen?)
    doodging

Nee, dan de mijne
dat was pas een echte vader
zij had al drie kinderen toen hij kwam
en die ruilde ze dus in tegen
een echte, voor haar alleen
maar, eerlijk is eerlijk, mij
zijn enige eigen zoon
– niettemin evenals moeder een bastaard –
nooit met een vinger aangeraakt

---

[53] Mijn moeder. Geboren in 1918 als onecht kind van een in de Eerste Wereldoorlog gedeserteerde Duitse soldaat die na een of twee jaar samenwonen met een al kinderrijke weduwe in Limburg, weer uit het gezin verdween, waarschijnlijk verjaagd werd, naar een interneringskamp.

[54] Dit werd door mijn moeder verteld als een feit van herhaalde foltering in haar jeugd. Niettemin is het ook een mythe: de Oudegyptische vegetatiegod Osiris werd door zijn broer Seth een kist ingelokt en in zee verdronken, waarna zich de kist te Byblos weer vertoonde vergroeid met de wortels van een boom.

Helder

Nee hoor, nooit
ik stond op de gang te luisteren
(terwijl het bloed van haat om mijn enkels klotste
en stijgen bleef, terwijl in mijn nijlpaardmond
de tanden
het gevoel oefenden, alsmaar oefenden
van die man eindelijk zijn strot af te bijten,[55] terwijl
woorden niets waren niet mooi niet lief niet
kleine hondjes pas geboren alleen maar de
knuppelslag van ruzie waarmee je weer en
weer en weer en weer moet wakker worden
zodat je nooit meer wilt slapen)[56]

ik dacht: ruilen, dat kan ik ook
ik ruil dit gewoon voor dichter
en zelfs voor professor, nog beter dan Hermans, nou
dan wordt het vanzelf mooi
kijk mama zonder woorden

kijk mama, geneste statements poëzie
als een keurig modulair computerprogramma
SAVE CHANGES BEFORE CLOSING[57]

---

[55] Van Menes, de legendarische eerste koning van Egypte, werd bericht dat hij door een nijlpaard werd doorgebeten.

[56] *nooit meer wilt slapen*: vgl. de roman van de vooraanstaande Nederlandse schrijver W.F. Hermans: *Nooit meer slapen* (Amsterdam: De Bezige Bij, 1966). In 2014 publiceerde ik een pamflet '*...Als je negers op een afstand ziet...*': *Ottterspeers jonge Hermans:* Al te persoonlijke kanttekeningen bij het eerste deel van Otttterspeers W.F. Hermans-biografie (Haarlem: Shikanda), over de Hermansgestalte die uit Ottterspeers biografie naar voren komt.

[57] Standaardmelding bij het werken op een computer in de jaren 1970.

Helder

In aanloop voor sterrenspraak[58] schanssprong
wel intussen geleerd hun baan te berekenen
spreken steeds minder
steeds overvloediger woorden om mij heen schikkend
ritselende kransen larvennesten
als schubben een vis

Hoewel, als omkransde god in Ram[59]
het offermes op de eigen keel
juichend en, nee, te laat
Stier die het bloed oplikt
en welke nu welke nu hij tolt veel te snel
Maagd die de aar draagt[60]
aars die de Maagd maagt
Waterman ontdekt in zijn herfstig jongensbed
eenzaam geheim: het tweede gebruik
pas geweest hartebonk handebonk
klepelzak
kleefplas
bloedmelk ontkleurd naar buiten sterren
opeens een melkweg vol sterren
spuit tot getuigen

Tweeling tralies tot Vissen uitbuigt

---

[58] Geomantische divinatie heeft vooral een astrologische achtergrond, dus moest ik voor mijn onderzoek thuis raken in astrologie. In de kerstvakantie 1992-1993 schreef ik een astrologieprogramma in de thans verouderde computertaal BASIC.

[59] Ram (♈), Stier (♉), Maagd (♍), Waterman (♒), Pisces (♓), Tweelingen (♊) zijn tekens van de dierenriem, die de astrologie beheerst.

[60] De vaste ster Spica (α Virginis) speelt, als symbool van de godin Isis en van de Maagd Maria, een aanzienlijke rol in de astrologie; zij wordt voorgesteld als een jonge vrouw die een volle korenaar draagt.

Helder

(daar hou ik van
zodat iedereen gelijk dat maar een prutsdichter
alleen als je weet dat ♓ lijkt op ♊[61]

En zo het rijtje af tot twaalf[62] en dan weer opnieuw
en in schrikkeljaren zwemt de vis een ererondje drie dagen na mijn
    verjaardag[63]
rara wie ben ik
rara astrologisch
denken met de wc-deur open
schoonheid verpakt verzekerd
maar niet aangekomen
doorgetrokken zeker.

---

[61] spreek uit: 'het astrologische teken voor Vissen lijkt dat dat voor Tweelingen'.

[62] Er gaan twaalf tekens in de dierenriem.

[63] Februari, onder het teken van Vissen, krijgt dan een dag meer.

EURYDICE

dode mensen en een vrouw die leeft

Eurydice

De opbouw van deze bundel is in chronologisch opzicht grillig en inconsequent. Tijdens mijn studie, en tijdens een paar jaar verblijf in Zambia schreef ik nauwelijks nog poëzie. Van de relationele en poëtische explosie die zich vervolgens voordeed en die mijn eerste huwelijk vernietigde, werd een beperkte en sterk aangepaste selectie opgenomen in de bundel Vrijgeleide *(1986); het geheel vond ten slotte zijn weg naar de bundel (2013)* Overspel: Gedichten voor Martha 1979-1982, *waarop echter een volledig embargo rust. In de volgende jaren bleef de productie weer zeer beperkt, totdat het voor mij nieuwe medium van de beeldgedichten aanzette tot een nieuwe stijl die in verscheidene bundels werd beproefd. Vervolgens werd mijn bundel* Eurydice *in zijn oorspronkelijke vorm geconcipieerd in het midden van de jaren 2000, met als kern een aantal gedichten geschreven ter gelegenheid van het overlijden van voor mij belangrijke mensen – gecontrasteerd met het glorieuze blijven leven, en b l i j v e n, van mijn tweede vrouw Trecy, die rond de eeuwwisseling uit mijn leven dreigde te verdwijnen, eerst door een verpletterend relatieconflict, zonder adempauze gevolgd door levensbedreigende kanker.*

Eurydice *verschijnt hier met enige uitbreidingen die de demografische realiteit van de eindigheid van het mensenleven inmiddels heeft afgedwongen.*

Eurydice

MIJN TWEEDE SCHOONVADER STERFT

André Saegerman (1931-1997)

Ga nu maar
je moeder roept je
zij woont daar al zo lang

De stem die jou was ontnomen[64]
draalt, een vlinder in die angstig open
plek in het bos maar
keert en zet zich
op onze lippen wij
spreken nu voor jou

En toen jouw zo lang vergeten lijf al
doorzichtig werd, bijna
licht genoeg om de aarde te ontkomen
bloeide een mooier en sterker lichaam
op uit het aanraken zorgen spreken
van je kinderen werden wij eindelijk
een lied dat de wrede tijd
ontroert tot een glimlach

Waarin jij draalde
maar ga nu maar
het is goed
je wordt verwacht.

---

[64] Door keelkanker.

Eurydice

BIJ DE DOOD VAN NYERERE[65]

Mwalimoe ('Leraar') Julius Nyerere (1922-1999), oud-president van Tanzania

[langzame trommelslagen: rouwritme]

'Hij is aangekomen'
juichen ritselend in sterrenlicht boombastkleed[66]
de geesten aan weerszijden opgesteld
van de Melkweg, spiegel de duistere
rivier van de voorouders[67]
benoem de Trommel, de Hak, de Ladder,
de Vijzel, de Xylofoon,[68] constellaties trillend ver-
vloeiend als de Jager[69] zich liesdiep
in suizelend bruisen geweer hooggehouden
(beulsschaduw op de zwarte om-stérde pupil van het water)
voorouders slaan sleurend hun armen om zijn
onderbenen, vertragend
zal hij het halen met deze prooi?

---

[65] Dit gedicht werd geschreven in opdracht van Radio Nederland Wereldomroep en door mij voorgelezen tijdens een uitzending in de herst van 1999.

[66] Vóór de produktie en verbreiding van geweven textiel bestond de traditionale kledij in Afrika bezuiden de Sahara, en in Zuid- en Zuid-Oost-Azië, uit lichtbruine, geklopte boombastlappen.

[67] *rivier van de voorouders*: in Zuid-Centraal- en Zuidelijk-Afrika vormen rivierbeddingen bij uitstek het onderaardse verblijf van de voorouders – zoals trouwens ook in de Westeuropese sprookjeswereld (vgl. 'Grote Klaas en Kleine Klaas').

[68] *de Trommel, de Hak, de Ladder, de Vijzel, de Xylofoon*: voorwerpen uit het dagelijks leven op het platteland van Afrika (de hak is het landbouwgereedschap bij uitstek; de vijzel het hoge, op de trommel gelijkend, houten bekken waarin graan gestampt wordt). Deze voorwerpen spelen onder meer in Zuid-Centraal-Afrika een belangrijke rol als miniaturen die, naast enkele tientallen andere, de mand vullen die in het mand-orakel wordt gemanipuleerd – welke voorwerpen er bij schudden uitvallen is bepalend voor de uitslag van het orakel. In deze passage wordt (zonder veel reden) gesuggereerd dat deze voorwerpen hun naam zouden hebben gegeven aan inheemse sterrenbeelden.

[69] Te midden van andere sterrenbeelden, de Jager Orïon, een sterrenbeeld dat waarschijnlijk al tot het Laat Paleolithicum teruggaat, en dat in de Oudegyptische traditie wordt geïdentificeerd met Osiris, de god van dood en wedergeboorte.

Eurydice

Ja! 'Hij is aangekomen'
en nu het dag wordt zien wij: aangekomen
bij het Gouden Slot dat in de Lucht Hangt[70]
bij het Gouden Dorp met Ronde Rieten Daken dat in de Lucht Hangt
wiegend tussen de slurven van de tweelingolifant
aan weerszijden van het pad de erehaag
van alle dieren van de savanne: leeuw buffel hyena luipaard
angst honger hebzucht moordlust,
van alle dieren van de savanne groot als Afrika
de onafzienbare klankdiepe kudde de horens als smeekarmen geheven
kudde hoornvee zo groot als de wereld
zij strekken zich voor hem neer, een koningsgroet

'Hij is aangekomen'
in het Gouden Dorp
maar hij is hier al eerder geweest
bestuurde soms zijn land vanaf dit luchtslot
met duivenboden die neerstrijkend
op de schermbomen van de savanne
op de stekebomen onder de rook van een
nieuwe spoorlijn
veranderen konden in paarskrijsende gieren

---

[70] 'Het Gouden Slot dat in de Lucht Hangt': Een sprookje uit de door mij sinds mijn kindertijd gekoesterde verzameling *De Oude Sprookjes*, geredigeerd door J. Riemens-Reurslag (Baarn: Hollandia, 14e druk 1978). Rijen dieren zoals in de tekst genoemd bewaken de oprijlaan van het slot, in deze nevenstaande afbeelding door Jos. Ruting.

Eurydice

Maar zijn andere boden:
zijn stem, de voorouderblik
waarmee hij hen allen zo dikwijls overhaalde tot grootheid
zijn handen waarvan zegen droop als regen[71]
zulke boden verjoegen de gieren
al bleven hun kreten hangen
boven de wit trillende vlakte

(Vandaar spreekkoren, toegelaten maar zachtjes:
'Aroesjá', 'Aroesjá',
'Oedzjamá'a', 'Oedzjamá'a',
'Zanzibar', 'Zanzibar',
'Tanganyika', 'Tanganyika[72]
'mijn land, mijn vee, mijn recht, mijn handel
mijn godsdienst, mijn paleis, mijn dorp
terug, geef het terug,
jullie: sprinkhanen en hyena's, heksen en sjaitaans![73]*'*
zachtjes, maar zíjn, grótere stem reikte verder
misschien met een groter waarheid gehoord
in het Huis van Vrede[74] daar

---

[71] Anders dan in Nederland met zijn overvloed aan regen, is in de Afrikaanse savanne, vooral bij de daar overwegende landbouwvolkeren, regen de grootste mogelijke zegen vanuit de hemel.

[72] *Arusha:* stad in Tanzania, beroemd vanwege de Arusha-verklaring waarin Nyerere de Tanzaniaanse variant van het Afrikaans Socialisme vestigde. *Ujamaa:* Swahili is de officiële taal van Tanzania; het combineert een Bantoe syntaxis met een sterk door het Arabisch beïnvloed lexicon; zowel in het Swahili als in het Arabisch betekent *ujamaa:* 'gemeenschap' – in de context van Nyerere's Afrikaans Socialisme specifiek: 'de in een uitdrukkelijke breuk met het verleden gestichte nieuwe dorpen waarin historische verwantschappelijke verbanden en plaatselijke gemeenschappen werden ontbonden en in nieuwe samenstelling opnieuw geformeerd' – onvermijdelijk de bron, aldus, van veel sociaal conflict. *Zanzibar:* een sterk gearabiseerd en geïslamiseerd eilandenrijk voor de kust van Tanzania, controversieel en oppositioneel deel van Tanzania, welks tweede lettergreep van Zanzibar is afgeleid. *Tanganyika:* koloniale naam voor het vasteland van Tanzania.

[73] *sjaitaan:* het Swahili woord voor 'demon', 'duivel', 'satan', uit het Arabisch; waarschijnlijk indirect ontleend aan de Kaukasische moedergodin Satana.

[74] *Huis van Vrede:* de letterlijke betekenis van de Arabische naam van de Tanzaniaanse

Eurydice

en in Kampala, Lusaka, Pretoria, Lagos[75]
Delhi, Londen, Peking, Moskou,
Washington, de VN, en in het Gouden
Dorp met Ronde Rieten Daken dat in de Lucht Hangt
waar geen boekhouding is,[76] geen rekenschap
slechts het lied van de lofzanger de dichter
slechts de trommelslag van welkom)

[tromgeroffel: koninklijk welkomsritme]

'Hij is aangekomen'
knikken naamgenoot Julius Caesar[77] en de Loebáwietsjtjer Rebbe
elkaar monkelend toe, hun *bao*-speelbord[78]
valt om (de bonen weer sterren)[79] terwijl ze opspringen
om hun langverwachte
vriend te begroeten 'Kom op Ashóka[80]

---

hoofdstad *Dar (spr. 'daar') es-Salaam*.

[75] *Kampala, Lusaka, Pretoria, Lagos*: de hedendaagse hoofdsteden van respectievelijk Oeganda, Zambia, Zuid-Afrika, Nigeria.

[76] Een van de opvallende aspecten van recent Afrikaans koningschap, zoals *bijv*. dat van de Ethiopische vorst Haile Selassie beschreven in het gelijknamige boek van de Poolse auteur R. Kapuscinski, was het volstrekt mondeling, ongeschreven karakter van de bureaucratische procedures.

[77] Julius Caesar (100-44 voor onze jaartelling), grondlegger van het Romeinse keizerrijk; Nyerere's voornaam is Julius.

[78] *Bao*, de Tanzaniaanse variant van het *mankala*-spel waarin twee of meer partijen volgens strenge regels elementen moeten verdelen en herverdelen over een aantal parallelle rijen kuiltjes; de *bao* variant is uitzonderlijk complex en kent vier rijen kuiltjes. De laatste twintig jaar heeft een deel van mijn historisch en vergelijkend onderzoek naar culturele verbanden binnen Afrika en tussen Afrika en andere werelddelen zich op het *mankala*-spel gericht.

[79] Bij de wetenschappelijke interpretatie van het mankalaspel is het duiden van de symboliek van de spel-elementen van belang. Een mogelijke duiding is dat zij hemellichamen voorstellen die zich bewegen langs het firmament.

[80] Ashoka en de in de komende regels benoemden zijn grote vorsten uit de geschiedenis van Afrika en Azië. Bij hen voegt zich Siddharta Gautama, de Boeddha, overigens ook van vorstelijke afkomst. *Ashoka*: eerste Boeddhistische Indiase vorst, ca. 300 voor onze jaartelling. *Harūn ar-Rašīd*: koning te Baghdād op het hoogtepunt van de Islamitische hoogcultuur. *Sunjatta*:

Eurydice

je wint toch niet meer en wij kunnen
hem nu niet meer laten wachten'

Haróen er-Rasjíed laat met een lichte buiging
Soendjátta voorgaan en deze sommeert zijn
marsorkest van trommels, xylofoons en hemelse sferen
'Timing hoor, precies voor het
millenniumvuurwerk binnen,
en gelijk eerste rang', doet Caesar smalend
(alsof de kalender nog steeds van hem is;[81] Jan 23
geeft hem een por van 'Laat Gautama voorgaan'
en inderdaad, steunend op de zwarte farao Pianchi;
het ontvangstcortège vormt zich
als nachtzonnen fonkelen van goud de eerste
Asantahénes, en het Nkoya marsorkest
van Lewaníka met maanklank[82] overstemt dat van Soendjatta

'Tambóekenoe táte, héhè

---

legendarische vorst van het Westafrikaanse Mali-rijk, veertiende eeuw van onze jaartelling. *Jan 23*: Paus Johannes XXIII, door velen beschouwd als de meest integere en vernieuwende leider van de Rooms-katholieke kerk in de Nieuwe Tijd. *Gautama*: de historische Boeddha. *Pianchi*: een van oorsprong Noebische (Noordsoedanese) Egyptische koning in de achtste eeuw voor onze jaartelling. *Lewanika*: koning van het volk der Lozi, ook wel genoemd Barotse, in Westelijk Zambia, wiens rijk op het eind van de negentiende eeuw en onze jaartelling ook het Nkoya volk omvatte; zijn statie-orkest bestond geheel uit Nkoya musici. De *Asantahene* is de grootvorst van de Akan volkeren uit Ghana en omstreken, beroemd om het vele goud waarmee zij pronken. *Nkoya*: een taal en een door zijn muzikale produktie uitblinkende etnische groep in Westelijk Zambia; vanaf 1972 heb ik het gebracht tot de voornaamste etnograaf en geschiedschrijver van deze groep, alsmede tot aangenomen zoon van een van haar twee voornaamste koningen, en tot nominatie als sub-chief onder de andere koning.

[81] Julius Caesar is geassocieerd met een belangrijke kalenderhervorming, die echter door latere, Christelijke, werd achterhaald.

[82] *maanklank*: het centrale symbool van het Nkoya koningschap (en, onder de naam *ndoro*, van koningschap elders in Zuidelijk-Centraal-Afrika) is de *mpande*, de van nature van een spiraaltekening voorziene bodem van een (uit de verre Indische Oceaan aangevoerde, dus zeldzame) *Conus*-schelp; deze wordt gedragen als hanger op de borst, of gestoken in een hoofdband. Hoewel ogenschijnlijk een onmiskenbaar zonnesymbool, wordt het voorwerp in de centrale mythe van het Nkoya koningschap verbonden niet met de zon maar met de maan.

Eurydice

tamboekenoe Mwálimoe, héhèhèhé[83]
kijk daar gaan Garvey, Luthuli, Biko, Nkrumah,
Cheikh Anta Diop, Luther King, Kenyatta, Machèl,[84]
in het schrijden van de groten gaan langzaam
wielen wentelen en het wordt dansen
ter ere van Mwalimoe

Mwalimoe eindelijk ben je
onze grijze voorouder uit Afrika
voorouder
voor
heel de wereld
waak over ons
geef ons
betekenis.

[langzame trommelslagen: rouwritme]

---

[83] *'Tamboekenoe...'*: dit zou het koninklijk orkest gezongen en gespeeld hebben als het uit Nkoya musici was samengesteld: 'Wees welkom, Vader, wees welkom, Mwalimoe'.

[84] Grote namen uit de twintigste eeuwse politieke en wetenschappelijke emancipatie van de Afrikaanse volkeren en hun afstammelingen in de Nieuwe Wereld, sinds de negentiende eeuw. *Marcus Garvey*: voornaamste negentiende-eeuwse zwarte theoreticus van het antiracisme. *Albert Luthuli*: Zoeloe leider en anti-apartheidsstrijder, Nobelprijswinnaar en martelaar. *Steve Biko*: anti-apartheidsstrijder en martelaar. *Kwame Nkrumah*: theoreticus van de pan-Afrikaanse gedachte, eerste president van postkoloniaal Ghana. *Cheikh Anta Diop*: Senegalees kernfysicus, cultuurfilosoof, en theoreticus van het Afrocentrisme; het onderhavige gedicht heeft sterk Afrocentrische trekken. *Martin Luther King*: Amerikaanse dominee, bestrijder van het racisme, en martelaar. *S. Machel*, leider van de onafhankelijkheidsbeweging van Mozambique.

Eurydice

GENADENDAL

voor Vernie February, een jaar na zijn dood[85]

Nu ben jij zeker in Genadendal,[86] Vernie
je had er samen met mij heen gewild
naar het hartland van de Moravische Broeders
waar zij hun kleine genade vermomd als die van God
uitstortten als vurige bijtende tongen[87]
en waar het Afrikaans, jouw lieve zieletaal
zijn eerste zinnetjes krabbelde
in Latijns schrift (dus niet meer in Arabisch)[88]

Je zou me trots je geboortestreek laten zien
we zouden er wekenlang archief lezen
nieuwe woorden betrappen op het moment van hun geboorte
en ook de kinderliedjes zingende
heuvels inlopen tussen de wijngaarden door

---

[85] Vernie February werd geboren in de Zuidafrikaanse Kaapprovincie uit de bevolkingsgroep der zogenaamde Kleurlingen. Het Afrikaans was zijn moedertaal maar daarnaast bekwaamde hij zich in andere nationale talen zoals het Xhosa en het Engels. Na universitaire studie in zijn moederland onder apartheidscondities studeerde hij literatuurwetenschap te Leiden, waarna hij jarenlang aan het Afrika-Studiecentrum was verbonden, aanvankelijk als vertaler, later als onderzoeker. Als dichters en als onderzoekers waren wij elkaar zeer na, zodat het voor de hand lag dat wij na de democratisering van Zuid-Afrika (waar Vernie inmiddels een deeltijds hoogleraarschap in de literatuurwetenschap had verworven) gezamenlijk het land bezochten, vooral de hoofdstad Pretoria, ter voorbereiding van een conferentie over *Ubuntu* (de Zuidafrikaanse ideologie van medemenselijkheid). De conferentie vond echter nooit plaats, mede door Vernie's vroegtijdig overlijden. Dit gedicht is mijn bijdrage aan een herdenkingsbundel gepubliceerd een jaar na zijn dood: Erik van den Berg & Tiny Kraan, red., *Koekemakranke: Die pad van Vernie February (1938-2002)*, Leiden: Afrika-Studiecentrum, 2003, pp. 8-10.

[86] Belangrijk historisch zendingscentrum in de Kaapprovincie.

[87] Zoals in het Bijbelse verslag van het eerste Pinksterfeest, *Handelingen* 2:3.

[88] Het Afrikaans als variant van het Nederlands, aanvankelijk gesproken door Islamitische slaven aan de Kaap (Vernie's voornaamste voorouders), werd oorspronkelijk geschreven in Arabisch schrift, naar de trant van de hun vertrouwde *Qur'an*.

Eurydice

eindelijk weer net zoveel eten en drinken als je wou[89]
en weer samen gedichten voordragen als in de tijd
van Jan Voorhoeve,[90] van jouw woning
aan de Nassaukade, Amsterdam

    'O snotverdriet, weer
    huil ik om niet'[91]

Nu ben je alleen vooruitgegaan
Genadendal blijkt Dante's *Louteringsberg*[92] maar
na luipaard leeuw en wolf liet Vergilius
helaas even op zich wachten dus jij
erheen gebracht in limousine de hele
Professor Doctor Vernon A. February Weg
was afgezet, zwart
van de mensen
en bruin
en zelfs
wat wit

Ze gaan ook verder alles van jou daarheen brengen
heel je handschriftcollectie (je geheime wapen)
je boeken, je doctorsbul, je laureaat,[93]

---

[89] Hoewel volop delend in de toenmalige Nederlandse welvaart, moest Vernie zwaar dieet houden in verband met de hartkwaal waaraan hij tenslotte te jong zou sterven.

[90] *Jan Voorhoeve:* Leids taalkundige (1923-1983) met wie Vernie samenwerkte aan een bloemlezing van Surinaamse poëzie; voorzitter van het Afrika-Studiecentrum ten tijde van zijn dood.

[91] Citaat uit, en titel van, Vernie's eerste dichtbundel, een jaar na mijn eersteling gepubliceerd bij dezelfde Haarlemse uitgeverij In de Knipscheer, eind jaren 1970, en feestelijk gevernisseerd te Leiden samen met mijn tweede bundel *Klopsignalen*.

[92] *Purgatorio / Vagevuur*, tweede deel van Dante's *Divina Commedia*. In de openingsbladzijde van het eerste deel, *Inferno / Hel*, verschijnen genoemde dieren als zinnebeelden van zonde en als voorboden van de Romeinse dichter Vergilius, die Dante's gids door de onderwereld zal zijn.

[93] Vernie was laureaat van de Nederlands / Vlaamse Stichting voor de Letteren.

Eurydice

je stropdassen en blazers van lidmaatschap,[94]
je ziekenhuisstatussen,
je kladjes voor gedichten
de liefdevolle antwoorden op je
nooitverstuurde
brieven naar Amerika[95]
en die op je vele
e-mails naar Israël[96]

Angel-powered
zit je wel heel erg alleen
in die limousine die misplaatst spinnend als een kater
glijdt over die weg die jouw naam draagt
terwijl de wijnbergen hun afdronk

Je had elitair willen wegzakken in de kussens
wie had verwacht dat je nog eens zo zou thuiskomen
maar mooi niet, nu je geen lijf meer hebt

En nu al het andere al onderweg blijkt te zijn
klem je je armoedig ogende handbagage[97]
een beetje verlegen vast op je schoot
Of, armoedig? een theedoek met daarin geknoopt

---

[94] Vernie had zich sterk geïdentificeerd met het Leidse studentenleven, de daarbij behorende kledingstijl, en de levenslange netwerkrelaties die dat opleverde.

[95] Vernie had een kortstondig eerste huwelijk met een Amerikaanse, die zijn eerste dochter bij de scheiding meenam naar Amerika – zodat Vernie tot zijn groot verdriet vrijwel alle contact met zijn oudste kind verloor.

[96] Vernie's tweede huwelijk was met een Joodse mystica, die vanuit Amsterdam haar spirituele activiteiten steeds meer naar Israël verlegde. Ook dit huwelijk werd gezegend met een dochter, op wie Vernie enorm trots was.

[97] *Vgl.* Wim van Binsbergen & Martin Doornbos, 1987, 'De handbagage van Afrikanisten: Een bespiegeling', in: *idem*, red., *Afrika in Spiegelbeeld*, Haarlem: In de Knipscheer, pp. 229-245; Vernie droeg aan deze bundel een beschouwing bij 'Over Creolen en Hollanders', pp. 183-198.

Eurydice

je *veldkos*[98] meegesmokkeld
toen je de eerste keer uit moeders huis vertrok
eetbare schat van toverwoorden
knapperig geurig onuitputtelijk zoals
het maal dat ze kookte toen je acht werd
en de koekjes waarbij je je vingers opat
zoals dat heel je leven lang blijft
en kennelijk zelfs
daarna

Ik zal je geheime moeder-
woorden hier niet proberen
uitschrijven, Vernie
het is genoeg dat ik ze
een enkele keer
heb mogen horen

Dit is wat anders dan wij samen in Pretoria
met na negen jaar[99] nog hele uitgaanspleinen
vol schijnbaar zelfverzekerde *blankes*
waarin we samen spitsroeden liepen van ontheemding,
waarin niemand je kende en iedereen je
als kleurling zag en niet zag
terwijl op hun *takkies*[100] snelle stijgers
'executive' speelden in negatief[101]
en niemand na tien uur 's avonds meer durfde

---

[98] Vgl. de titel van mijn bundel *Leeftocht*, Haarlem, In de Knipscheer, 1977.

[99] De vrijlating van Nelson Mandela na tientallen jaren van gevangenschap luidde in 1990 het democratiseringsproces in, dat na enige jaren voerde tot democratische verkiezingen en de vestiging van een meerderheidsbewind onder leiding van het *African National Congress* (A.N.C.). Ons gezamenlijk bezoek was in 1999.

[100] Dure sportschoenen gedragen als standaardschoeisel.

[101] Namelijk niet langer wit maar zwart.

Eurydice

stoppen voor rood licht[102]
my god is dit my land?
Zijn er al zuiveringen geweest?[103]

De schim van je heldenneef[104]
liet een lijn vieren en trok ook jou
op tot die rots van duizeling[105]
waar vergezichten alsnog
tartten tot grootheid

Maar onuitputtelijk is *veldkos* alleen
ver weg van *die veld*
en toen buiten weer binnen was geworden
ballingen bedremmeld aan de grens
hun *sex appeal* hadden ingeleverd
de groentenman *veldkos* ging leveren uit de koelcel
het land één groot Sun City[106] onder de regenboog[107]
(waarheid door zon verblind onder zegen loog)
toen bleek je nergens méér ontheemd
dan in wat, toen je het verliet,
je eigen land was

---

[102] Uit angst dat het autoportier werd opengerukt, de auto gekaapt en de inzittenden eruit gegooid of erger.

[103] Vergelijk het gedicht van Kees Stip over de nachtclub Folies Bergères te Parijs (Kees Stip, 1993, *Lachen in een leeuw*, Amsterdam: Bert Bakker) waarin een zeer bijziende brilslag, het langsflitsen van bolvormen abusievelijk interpreterend in termen van het voetbalspel, de vraag stelt 'Zijn er al doelpunten geweest?'

[104] Vernie's neef stierf de heldendood als strijder voor het A.N.C.

[105] Vgl. Boelie van Leeuwen, *De rots der struikeling*, Abram Salas / Scherpenheuvel, Willemstad, 1960. In vele Afrikaanse mythen verloopt het contact tussen hemel en aarde (*bijv.* het neerlaten van de eerste mensen, huisdieren, werktuigen) via vertikale touwen of riemen.

[106] Tijdens de apartheidsperiode was de noordelijk gelegen Sun City een interraciaal vermaakscentrum waar de verder in heel Zuid-Afrika geldende verboden op inter-'raciale' sexualiteit niet van kracht waren, of met voeten werden getreden.

[107] Na de vestiging van een meerderheidsbewind identificeerde Zuid-Afrika zich dikwijls als de 'regenboognatie' – waarin alle (huids-)kleuren waren vertegenwoordigd.

Eurydice

Toen
stokte
je hart in je keel

En daarom
mocht je nu naar Genadendal
ik kom je mettertijd wel
helpen met al dat lezen
trouwens, alle archiefstukken blijken
op CD-Rom ontsloten
en jij weet nu immers eindelijk
hoe dat moet.

Eurydice

VOOR THEO VAN GOGH

een eigentijdse rap, 3-12-2004[108]

Zit je lekker daar, Theo, in je Hemel voor Strijders van het Woord?
Dat is een filiaal waar Dante bij leven niet van wist
nu weet je dus waarom hij je hier als eerste begroette
nee hoor, dit is niet *Purgatorio*, dit is de hemel zelf

Vond je het leuk zojuist, dat schijnproces wegens machtsmisbruik
tegen de grootvader van de godslasteringswet, Donner?[109]
Speciaal voor jou, Theo! Leuk hè, al die als geiten
verklede rechters? Of die lange drollen (die van jou!)
in de vorm van Arabische letters: [110] يا تيى فان خوخ

Volgende week mag je lekker met
Mohammed B. in de moordkuil
Die is namelijk onverwachts aangekomen. Valt tegen?
niet als je merkt wat je hier allemaal
met hem doen mag – tja,
maar hij ook met jou:
dit is ook zijn hemel,
maar dat van die *hoeri*'s klopt niet.[111]

---

[108] De radicale filmmaker Theo van Gogh werd op 2 november 2004 in Amsterdam-Oost op straat bij klaarlichte dag vermoord door de niet minder radicale Islamitische activist Mohammed B. Theo was berucht om zijn aanstootgevende stijl, waarin zijn afkeer van de Islam krachtig werd uitgesproken en de aanhangers van deze godsdienst dikwijls als 'geitenneukers' werden aangemerkt.

[109] Jan Donner (1891-1981), staatsrechtsgeleerde en auteur van de Nederlandse godslasteringswet. In de jaren 2010 houdt een andere staatsrechtsgeleerde met juist dezelfde naam een pleidooi voor de *denkbaarheid* van invoering van de middeleeuwse Islamitische *sharia* wetgeving in Nederland.

[110] De fonetische Arabische tekst luidt: 'O, Theo van Gogh'.

Eurydice

En eerst mag je nog even
met een in engelengoud gevatte zwarte merkstift
KUT schrijven op de witte onderbroek die Maria aanheeft
precies op het kruis, daar is immers niets aan gelogen
in jouw hemel moet dat gewoon kunnen

En met wat extra genade (*sjuust
voor de 'Ollanders, za'k maar zeggen*)
voel je zelfs hoe het schrijftuig de Heilige Vrouwelijke
Lichaamsbouw door de stof heen heel precies volgt
zeg het maar hoor, en we bouwen even
een mini-video-camera in in de schrijfpunt

'Tuurlijk jôh, het is beter recht voor zijn raap
te zeggen waar het op staat dan
politiek correct liegen en veinzen
jij krijgt alsnog die prijs voor oer-Hollandse zuiverheid, hoor
met je harde varkenskop die zo schril afsteekt
bij het weke dwepersgezicht van M.
dus moest hij een pistool, waar jij dacht
aan je grote bek, je gespleten hoeven en je krulstaart
genoeg te hebben

En God is het met jouw aardse eind ook niet echt eens
Die had jou liever Zelf tot Zich geroepen
zoals Zijn bedoeling was: hoogbejaard, en tot het laatst
ondersteund door je trouwe Fatima, die zelfs accepteerde
dat je stiekum op je kamertje die gore films uit je jeugd
afspeelde op die achterlijke apparatuur – nog echte beelden

---

[111] Volgens een middeleeuws Islamitisch leerstuk, tot nieuw leven gewekt in de hedendaagse *dzjihād*-ideologie van het internationaal Islamisme, worden martelaars van de *dzjihād* ('heilige oorlog' – oorspronkelijk ter herbekering van afvallige Moslims) in het hiernamaals beloond met de beschikking over vele tientallen bovenaardse maagden, *hoeri's*.

Eurydice

en zelfs knopjes in plaats van *mental control*, en bij hapering
vloekend nog van 'God-' ook al zegt iedereen om je heen
al tientallen jaren 'Állah-'

Maar als je straks toch in die moordkuil ligt met hem
en jullie houden je even in, en het visnet
van woorden waarin jullie je lijven hadden toegesnoerd
(zodat de ontelbare rechthoekjes huid bol en rood
uitpuilen als raffioli – als in de stripverhalen)
lost zich op door het goddelijk
Gebaar van zwijgen en helen

en M. beseft stil dat kogels ook hem doden
en Van G. beseft stil dat woorden ook hem doden
en M. beseft dat hij in zijn keuze van wapens
(fiets en verkleedjurk, *vgl.* Sinterklaas)
allang voor het Hollanderschap gecapituleerd was
zoals hem ook met een knieschot in het Oosterpark[112]
(eendje voeren, handje vrijen, hondje plassen)
het martelaarschap op typisch Hollandse wijze ontzegd is
(maar die wond werd door Goddelijk Besluit gangreen, afzetten
hielp niet en daarom is hij toch nog zo snel hier
éénbenig[113] zoals dat hoort bij een getekende) –

---

[112] De moord op Van Gogh vond plaats juist buiten dit centrale park van Amsterdam-Oost.

[113] Het mythisch thema van het eenzijdige wezen, dat uit slechts één lichaamshelft bestaat, speelt een grote rol in mijn onderzoek van de laatste tien jaar. Zie ook: J.M. Schoffeleers, 1991, *Waarom God maar een been heeft*, oratie, Utrecht.

Eurydice

Tja, als jullie dan zover zijn
wordt het eigenlijk tijd om deze familieruzie
met een omhelzing en een broederkus bij te leggen
en gewoon samen, bekken dicht nou,
op één fiets (hij achterop, want hij kan immers
met zijn ene poot niet meer trappen)
brug op brug af tegen het verkeer in en over de stoep
een ererondje Amsterdam maken

Amsterdam ja, waar driftharsussen[114] thúíshoorden
en grote bekken vanouds
met de paplepel werden opgerekt
en waar vóeren, en daar tégen kunnen
nationale sport nummer 1 was

Weet je
God houdt helemaal niet van dwepers
trouwens, Zijn Eigen Zoon had ook zo'n grote bek
maar daar wist Hij wel Raad op

Dus dat recept nogmaals gevolgd: over 2000 jaar
kent men nog het broederpaar M. en T.
stichters van de Intergalactische Móskérk der Wielrijders

Met de heilige rolprent *Submission* als priesterlijk geheim

Met mes en pistool als niet langer begrepen symbolen
(toekomstige geleerden zullen verband vermoeden
met de hamer en sikkel een eeuw eerder; of bedoelde men
aan 'luchtbanden' [sic] vijandige elementen, in die tijd?
of ging het meer om een toernooi op metalen paarden???),

---

[114] *D.w.z. driftkoppen; harsus* is (was) Amsterdams voor 'hersens, kop'.

Eurydice

En met verder een absoluut verbod
op wapens zelfs niet voor zelfmoord, en
op vrijheid van verbod op verbod van vrijheid van meningsuiting
tenzij met liefde zachtmoedig gesproken
en door dansen en zingen ingepast
in de tederheden van het lichaam
en de vanzelfsprekende
(dus onnodig om door moord af te dwingen)
samenvloeiïng van de geest.

Eurydice

MIJN SCHOONMOEDER VERTREKT NAAR *HET HEMELRIJK*[115]

Nicole Gossey, 1937-2009

Langs de baan van Hemelveerdegem
Zijt gij niet meer zo gans alleen
Met uwen rieten korf die tranen lekt
En uwe sacoche[116] met voor ieder jaar een zak pillen

Langs de baan van Hemelveerdegem
Zwelt en ontzwelt uw lijf weer tot een jonge meid
Die uwe dochter teder in de spiegel begroet
En uwen zoon een snelle[117] vent weet

Er is geen betere baan – links onder het spoor
Dan weer omhoog, tegen den Oudenberg[118] op
Waar ge getrouwelijk een keersje brandt, de moederhand
Uw lokken streelt, het pakske[119] overneemt

En waar *Het Hemelrijk* wacht, geduldig oefenterrein
Voor lafenis aan volheid en overvloed

---

[115] 'De hemel', maar ook een door de betrokkenen vaak bezocht familierestaurant op de Oudenberg bij Geraardsbergen, Oost-Vlaanderen. Hier bevindt zich de onder wielrenners beroemde (maar niet langer in de Ronde van Vlaanderen opgenomen) steile heuvel 'de Muur van Geraardsbergen'. Geraardsbergen is de stad waar mijn tweede schoonfamilie vandaan kwam. Hemelveerdegem ('Hemelvaartsplaats') is een bestaand gehucht enige kilometers noordelijk van deze stad.

[116] Vlaams: 'handtas'.

[117] Vlaams: 'knap, aantrekkelijk, goed gekleed'.

[118] Een kapel op de top van de Oudenberg vormt het belangrijkste Rooms-katholieke bedevaartsoord van Oost-Vlaanderen.

[119] Vlaams: 'de kleine last'.

Eurydice

Waar ge moogt terugkeren, telkens weer
Met Uw kinders, Uw ma'ke,[120] een vreugdemaal

Waarin ge U eindelijk aan Uw leven zet
gelijk aan een schoon gedekte tafel
En ge eindelijk weten moogt: reeds door te bestaan
Gaf ik hun het schoonste van hun leven.

---

[120] Vlaams: 'moedertje'.

Eurydice

ONZE GROOTMOEDER MATHILDE GESTORVEN

Mathilde Broodcoorens, 1911-2013

Walsen[121] deed ze nauwelijks, haar pa stierf
jong, en voor zo'n meisje wist Peere[122]
Juul nog wel een ander spel dus een eeuw lang
zouden wij die schaduw

Maar ze bleef houden van de geur van het land
al vond ze het aardappellezen beschamend
verarmd kind achter de hoofdoogst
rinkelbel aan den IJzeren Weg[123]

In 'Giesberg'[124] moest de non van toneel niet weten, en dreigde!
Zo leerde Mathilde dat het om zonde
niet ging maar om verbeeldingskracht, vrijheid
zij koos zichzelf een andere school, diep in de Walen[125]
liep dag in dag uit erheen, leerde er Frans

---

[121] *Waltzing Mathilde*: in de 20e eeuw een populair lied, oorspronkelijk uit Australië.

[122] Vlaams: '[stief-]vader'.

[123] Na de dood van haar vader, een succesvol timmerman, verviel Mathilde's ouderlijk gezin tot armoede, waarin de voornaamste inkomensbron haar moeders beheer van een spoorwegovergang zou zijn.

[124] Plaatselijke variant voor 'Geraardsbergen'. Overigens woonde Mathilde te Overboelare, wat toen nog een aparte gemeente was. Zij dreigde als twaalfjarige van school gestuurd te worden omdat zij haar betrokkenheid bij de plaatselijke toneelvereniging niet wilde opgeven.

[125] De nieuwe school was gelegen te Lessen / Lessine, ca. 10 km ten zuiden van Geraardsbergen, aan de andere kant van de Vlaams / Waalse taalgrens. Overigens legde Mathilde deze afstand meestal per trein af.

Eurydice

En bij haar enig koeike[126] kreeg zij stralend
een peerdeke om de melk mee uit te venten
in het wijd gebuurt, vanuit een klein karreke, fier
trok ze haar baan tussen de mastbossen

Mathilde gij had steeds meer eelt van doen,
kweekte het, groente brosselend op Uw schoot
Hij nam U al Uw kinderen af, bij U
Hoefde Hij niet meer aan te komen

Blauw[127] klapperden de politieke vlaggen, fel
priemden de schijnwerpers van het klein stadstoneel.
Bij Marcels[128] leute bleef Uw waardigheid koele stilte
waarin gij Uw kleinkinderen leven leerde,
Uw achterkleinkinderen mocht bakeren

Erepoort waardoorheen wij gelopen zijn
Zijn dat bloemen? of tranen?

Ga maar, wij komen achter.[129]

---

[126] De andere inkomensbron van het gezin bestond uit verkoop van de melk van de enige koe. Mathilde's belager Peere Juul verkocht het paardje en kocht in plaats daarvan een ezel voor haar, waarmee voor haar de lol er al helemaal af was.

[127] De kleur van de Vlaamse liberale partij, waarin Mathilde haar hele leven actief was.

[128] Haar echtgenoot, die zij bij het amateurtoneel had leren kennen.

[129] Vlaams: 'wij volgen'.

Eurydice

KABOUTSTER

bij het overlijden van Trees van Beeck, 1947-2009

Een kind van de aarde was ze
Meer dan van de mensen
Kaboutster die de gaten die liefdesterreur eerder
Geslagen had heftig bewoonde toen uitwoonde ten slotte uitwónend
Maar ook door liefdes toegift bron
van de enige zoon onze neef[130]

Als de aarde onverwoestbaar door vuur en water[131]
Brabantse zwijgkracht tussen de voren van Mokums[132]

Voor de co-assistent die haar barend ontblootte een trap in zijn kruis[133]

Was het ten slotte lucht die haar verpletterde
(Herakles die Antaeus aardkind optilt en velt)[134]

---

[130] *...enige zoon / onze neef*: vgl. in de Apostolische geloofsbelijdenis uit het vroegste Christendom: 'En in Jezus Christus, Zijn enige Zoon, onze Heer...'; in de traditionele Rooms-katholieke eredienst knielt de gelovige bij het uitspreken van deze woorden.

[131] *aarde, vuur, water, lucht*: verwijzing naar de vier-elementenleer, in het Westers denken verbonden aan de pre-Socratische filosoof Empedocles en diens commentator Aristoteles, maar in feite een perifere en late versie van een veel wijder verbreide cosmologie gebaseerd op cyclische transformatie van elementen, zie mijn boek *Before the Presocratics*, themanummer van *Quest: An African Journal of Philosophy*, XXIV, pp. 1-398 (2012).

[132] *Mokums*: 'Amsterdams' als taaleigen. De verwijzing is naar Vincent van Goghs schilderijen van tot voren geploegde korenvelden (zie onder, p.187) – waarbij de stille aarde het Brabantse element vertegenwoordigt, de gewelddadige insnijdingen het Amsterdamse element.

[133] *De co-assistent...*: dit verwijst naar een voorval tijdens haar bevalling zoals door de overledene naverteld.

[134] *Herakles die Antaeus aardkind optilt en velt*: Herakles, in de Griekse mythologie een zoon van Zeus en geassocieerd met de lucht en de hemelas (*vgl.* Egyptische god Šw / Sjoe), strijdt met de archaïsche figuur van Antaeus, een zoon van Gaia en Poseidon, geassocieerd met Noord-Afrika. Zolang Antaeus het contact met de aarde (zijn moeder) kan bewaren is hij onoverwinnelijk, maar Herakles tilt hem op en kan hem dan doden. De mythe lijkt in gecodeerde vorm te handelen over de aflossing van een horizontaal, immanent wereldbeeld gebaseerd op de Water / Land scheiding, en een vertikaal wereldbeeld waarin scheiding van Hemel en Aarde

Eurydice

Longkanker geslopen binnen de doornen omheining
van vroom eten uit eigen tuin, ver fietsen – *De Tuinvrouw
en de Dood*[135]

Bijen[136] ik zeg U de dood van Uw imker aan
Balsem haar in uw traagstromend goudgele
Metsel haar in in de zwarte teer
Van Uw propolis[137] Uw
Stad buiten de mensen.

---

centraal staat, en de hemelgoden dominant zijn.)

[135] *de tuinvrouw / en de dood*: 'De tuinman en de dood', bekend gedicht door P.N. van Eyck (1887-1954) op basis van een gegeven van Jean Cocteau (1889-1963), over de onontkoombaarheid van de dood. Een Perzisch tuinman treft 's ochtends in de tuin de Dood, en vlucht overhaast naar het verre Ispahaan, maar als zijn meester later die dag de Dood ondervraagt zegt deze:

'... Ik was verrast,
Toen 'k 's morgens hier nog stil aan 't werk zag staan,
Die 'k 's avonds halen moest in Ispahaan.'

Door het thema zich te laten toeëigenen door van Eyck heeft Cocteau, blijkens de jaartallen, kennelijk zelf wat langer kunnen leven.

[136] *Bijen*: de overledene was gedurende tientallen jaren imker. Volgens oeroud Europees gebruik werd het overlijden van de imker aan de bijen uitdrukkelijk aangezegd, bij hun korven.

[137] *propolis*: een door bijen afgescheiden donkere, harsachtige substantie, met antiseptische eigenschappen; door bijen gebruikt om kieren van hun onderkomen (Grieks *polis*, 'stad') te dichten en gedode indringers kiemvrij in te metselen. *Propolis* kan ook letterlijk 'voorstad' betekenen.

EURYDICE

voor Trecy

1. 'De vrouw draagt een mand, maar er zitten geen eieren in' (*I Ching*[138])

De mandenventer ver langs het bergpad lijkt
een reus, en bultenaar: tot ver boven zijn kruin
en armlang in het rond behangen met
containers die naar eigenaars, naar inhoud werven
rieten Hagriet[139] wiens armen laag maar dapper
de maat slaan bij het klotsen van zijn vlees
nee, herstel, lees: zijn vacuüm containers die vanuit
de hele ruimte hun verhoopte vulling hun betekenis
aanzuigen

---

[138] *I Ching / yì jīng* 易經: het klassieke Chinese *Boek der Veranderingen*, een kosmologisch wijsheidsboek dat alom en al vele eeuwen als waarzegboek wordt gebruikt, op een wijze die ik reeds een kwart eeuw in mijn vergelijkende en historische studie van 'geomantische divinatie' verken, van welk onderzoek ik het meest recent verslag heb gegeven in *Before the Presocratics*. De geciteerde orakelspreuk (Hexagram 54, ䷵ 'donder boven het meer', bekend als 歸妹 *gui mei* 'het meisje trouwt'), vormde de raadselachtige uitkomst van een orakelsessie die mijn oudste zuster ca. 1984 belegde voor mijn tweede vrouw – wier mand in de daarop volgende jaren echter wel degelijk gevuld bleek, zowel met nakomelingen als met vaardigheden, kennis en wijsheid. In de oorspronkelijke Chinese context is bedoeld de offermand waarmee de bruid voor het eerst offers brengt aan de voorouders van haar man ten teken van haar definitieve integratie in diens verwantengroep. In 2001 openbaarde zich bij Trecy een levensbedreigende ziekte, waarvan zij geheel genas – als een Eurydice die, maar nu met succes, werd teruggeroepen uit het dodenrijk.

[139] *Hagri[e]t*: reusachtige romanfiguur, trouw maar simpel van geest, uit de *Harry Potter* boeken van J.K. Rowling, populair in de jaren 1990-2000.

Eurydice

Zoals bijvoorbeeld: plotseling blijkt
de bult een op de rug gedragen lier
de mandenmassa's links en rechts rondom:
die worden wijven, hitsig van een heilig recht[140]
het sjokken wordt strompelen
en ook die laatste gil[141]
(deze mand maar doen dan, mevrouw?)

Hun zusterlijk geheim per ongeluk betreden?[142]
(alweer een mand)

Wraak voor gebrek aan lust, voor
Griekse homofiele voorkeur in plaats van Thracisch-
Dionysische *(een derde mand al)*

Wraak voor gebrek aan liefde voor hun zuster
Eurydice: ja hoor, het hele schimmenrijk
betoverd met zijn[143] lierspel maar toch zelf
nog even omkijken of ze nog wel volgde, en zo
heel lang haar grootste hoop maar in het eind
haar grootste wanhoop en haar definitieve
dood *(de vierde mand)*

---

[140] *Bacchanten*, in vervoering de god Dionysus volgend in de Thracische orgiastische cultus waarin mannen die hun pad kruisen, worden verscheurd – zoals het kind Dionysus ooit zelf door de Titanen die hem met speelgoed hadden gelokt, en zoals tenslotte Eurydice's echtgenoot Orpheus, nadat deze had gefaald in zijn poging haar uit het dodenrijk te redden.

[141] Waarmee in de oorspronkelijke mythe Eurydice weer terugzinkt in het dodenrijk, nadat Orpheus tegen het verbod in heeft omgekeken of zij wel volgt. Ook in de Japanse versie (in de klassieke tekst *Kojiki*) keert deze gil terug.

[142] Weer de Bacchanten.

[143] Namelijk: dat van Orpheus.

Eurydice

Of heeft een man die macht niet, zelfs niet met muziek
en is heel dat verhaal van ingaan in, afdalen, talmen,
en daarna bijna toch herboren worden uit
de schoot der dood alweer niets dan
een door een man verteld gepikt
vrouwenverhaal[144] van baren dat hij
niet eens begrijpen kon?
(mand vijf)

Kon niet, of wilde niet, en was de dodelijke slang
waarover zij struikelde vluchtend voor
de imker[145] die liever van háár honing –
was hij dat niet gewoon zelf geweest?

De zesde mand tenslotte, en plotseling schiet het touw
waarmee ze alle opgebonden zaten
los en de hele handel valt uiteen en rolt
tientallen grote en kleine lege manden stuiterend
juichend terug naar hun oorsprong,[146] naar

---

[144] Zoals ook het Bijbelverhaal (*Genesis* 2:21 e.v.) over de geboorte van Eva uit een rib van Adam, kennelijk een door mannelijke rabbijnen geperverteerde versie is van de onderliggende mythe met Eva als de seniore persoon, de moedergodin uit wier schoot Adam als eengeboren zoon / minnaar werd geboren. De wijdverbreide mythe van de Moeder van de Wateren die maagdelijk (want wie had haar kunnen bevruchten?) het Land baart als haar enige zoon en minnaar, speelt een grote rol in mijn vergelijkend-mythologisch onderzoek van de laatste tien jaar.

[145] Aristaeus, volgens de Grieks-Romeinse traditie (*vgl.* Vergilius' *Georgica*) de uitvinder van de bijenteelt; terwijl hij Eurydice achtervolgde om haar te verkrachten, struikelde zij over een slang die haar van het leven beroofde. Een gedetailleerde analyse van de Aristaeusmythe als een transformatie van Oudegyptische motieven gaf ik in *Before the Presocratics*, pp. 139 e.v.

[146] Volgens een wijdverbreide 'Pelasgische' mythe (waarvan sporen terug te vinden zijn in de Oudegyptische koningstitulatuur (zie onder, p. 10in), in Japan, bij de Zoeloe van Zuidelijk-Afrika, en bij het Nkoyavolk van Zambia) vormt *riet* de oorsprong van de wereld – de aardse component in een Laatpaleolithische kosmologie van Hemel en Aarde, waarin de *bij* het hemelse element vertegenwoordigt.

Eurydice

De biezen in het
water op de
bodem
van

val

het
dal.

Eurydice

2. 'Ach ich habe sie verloren'[147]

Is het ons maar geléérd
ons door de onwaarschijnlijke standaardversie
van dit verhaal te laten ontroeren?
of volgt het verhaal op zich slechts
een veel ouder in elke man in de moederschoot
ingeplant weten:

'Nu jij eenmaal uit mij geboren bent,
zal afdalen in het duister[148] voor jou niet moeilijk zijn
onthoud: alles daar ligt klaar om bekoord te worden
bespeel je lier verbeeld je maar dat jij het leven bent
dat afdaalt in de dood (zij weet wel beter)
troon haar vervolgens met je mee omhoog
naar het licht dat alleen jij haar kunt wijzen
want jij bent mijn zoon
maar verwacht niet dat zij jou ooit
wat ik je gaf – ach voor je boven bent
zul je weten wat je achterliet
en wie
(Mij!)'

---

[147] 'Ach, ik ben haar kwijtgeraakt', bekende aria uit de opera *Orfeo ed Euridice*, van C.W. Gluck.

[148] Namelijk van de schoot van jouw toekomstige minnares. Het is 's mans moeder die spreekt, waarbij zij haar zoon voorhoudt dat een vrouw van zijn eigen generatie toch nooit haar eigen plaats als moeder zal kunnen innemen. Zoals ik heb uiteengezet in *Een lekker sodemietertje: Een kind op weg naar de poëzie (autobiografie 1947-1963)*, Haarlem, Shikanda, 2015 (voorlopig onder totaal embargo), heeft dit Oedipale motief gedurende heel mijn leven mijn relaties met vrouwen overheerst, tot ik het tenslotte in mijn tweede huwelijk met veel moeite en pijn heb weten te overwinnen; vgl. ook Gorter, *Pan*: 'der vrouwen duistere schoot'.

Eurydice

En toch is het onweerstaanbaar ontroerend:
twee handen aan de lier, virtuoser dan ooit
voetje voor voetje door het duister
hij had haar immers allang verloren, dit is
toegift haar omzwachtelde lijk
zweeft of wordt gedragen of treedt uit eigen
beweging hij weet het niet hij mocht niet kijken;
of is waarmee hij was gedreigd maar een wreed spel
en is het duister achter hem leeg, zijn hoop vergeefs

En nooit sinds zij in zijn leven kwam heeft hij haar
zo lief gehad als nu op deze trappen
en nooit zo zeer tot stikkens toe gemist
nu hij niet weten mag of zij echt bij hem is en leeft
of dood beneden is gebleven
beneden bij zijn hart
bij haar eerste blik voor hem
bij de vreugdesnik van zijn handen die
haar borsten onderlangs schragen
bij het eerste voelen ritselen
van hun kind in haar schoot
hoeveel moet je in het leven geloven
om de dood op zijn woord te vertrouwen
en niet om te zien op dit moment
hoeveel moet je je geliefde vertrouwen
om de sarcastische twijfel van Moeder Dood
te overwinnen?

Hij is een man
hij is de zoon van zijn moeder
hij heeft het licht bereikt
hij kijkt om, ziet dat Eurydice gevolgd is
bijna tot op de drempel van het licht
en verliest haar
schreeuwend

Eurydice

(Had hij het niet kunnen instuderen: deur, zonlicht bereikt, weide;
ophouden met spelen, lier het gras in, blik strak vooruit
of beter nog, ogen gesloten
op het gras neerzitten; wat verklaart
die vreemde stilte? lier stil? geen voetstap?
en wachten – in een peilloze liftkoker van
hoop en dood – wachten
op haar vingertoppen
tegen zijn hals

En ze zou gezegd hebben:
'omdat ik jou kies
ik die jou ken
verlos ik jou
van de moeder
die jou ongezien koos'

Althans, hij zou gehuild hebben
alsof ze dit had gezegd
want het is waar).

Eurydice

3. De morgenster

De man die zichzelf moeizaam opbouwt
uit het verhaal van wat zijn beslissend falen
heeft aangericht – hoe zelfs in zijn falen onmisbaar toch
maar wat er werkelijk gebeurd is hing van hem niet af:

Inanna,[149] want in talrijke sessies
koningin der onderwereld geworden
ontdaan van haar sieraden, haar kleren, haar schaamhaar,
haar lief, haar tijd
haar lichaam geplet in de bestralingspers[150]
waarin zij steeds weer diep onder de aarde
zonder enig zonlicht haar sterven oefende,
oefende zo ook haar verrijzenis

En het is waar, zijn lierspel was haar daarbij
belist niet onwelgevallig, ook haar kinderen niet,
de smaak van in wijn veranderd water,[151] het nieuwe
zonlicht, en de nieuwe geluiden die vogels gingen maken

---

[149] Sumerische godin van de liefde, in de Babylonische context Ištar genaamd, en geassocieerd met de Morgenster. Volgens een beroemd epos daalde zij (als Eurydice, wier mythe van haar lijkt te zijn afgeleid) af in de onderwereld, waarbij zij bij elke nieuwe verdieping een onderdeel van haar kleding of juwelen moest afleggen.

[150] Tientallen bestralingssessies in een betonnen bunker in de aarde, diep onder het ziekenhuis, vormden een beslissend onderdeel van Trecy's kankertherapie.

[151] Op de bruiloft van Kana (*Johannes* 2:1 e.v.) zou Jezus water in wijn veranderd hebben; en tijdens de consecratie wordt in de loop van elke Heilige Mis, volgens Rooms-katholiek geloof althans, wijn veranderd in het bloed van Jezus.

Eurydice

Van dit alles, niet in een laatste afhankelijk vastklampen echter,
maar als heerseres van haar rijk dat nu eindelijk ook de
bovenwereld mocht omvatten

Op eigen kracht, fel, en zonder denken aan enig einde meer
geheel
als de morgenster
en als de vogels die dan zingen.

BRAAMBOS

Braambos

De titel van deze sectie is ontleend aan de conventionele Nederlandse vertaling van het Bijbelboek Exodus (3:2), waarin, op het moment van Mozes' roeping, God zich als een vlam manifesteert in een (braam-) struik, die daardoor verbazend genoeg niet wordt verteerd (en aldus toont deel te hebben aan het goddelijke). Centraal staat de persoon van Matthijs Schoffeleers, religieus antropoloog, Rooms-katholiek priester, en hogepriester van de cultus van de inheemse martelaar en vegetatiegod Mbona in Malawi, Zuidelijk Afrika. In 1973, als docent aan de Universiteit van Lusaka, Zambia, raakte ik bevriend met de 19 jaar oudere Schoffeleers, en samen droegen wij als onderzoekers veel bij aan de internationale ontwikkeling van een proto-historisch langetermijn perspectief op de inheemse religie van Zuidelijk-Centraal-Afrika. Spoedig werd Schoffeleers lector (later hoogleraar) religieuze antropologie te Amsterdam, waar ik in 1979 bij hem promoveerde. In 1984 werd mijn huwelijk met Trecy ook door Schoffeleers ingezegend, volgens een antropologisch, Afrikaans en Christelijk geïnspireerde, gezamenlijke rituele bricolage. Bij die gelegenheid sprak Schoffeleers de voor het gedicht doorslaggevende woorden:

> 'Het is mijn taak
> mijn god zichtbaar te maken
> waar dan ook en in welke gedaante dan ook
> het hem vergund is zich te manifesteren'.

Na vele jaren van vriendschap en samenwerking ontstond dit gedicht in Kameroen in 2005 ter gelegenheid van het vijftigjarig priesterschap van Schoffeleers, die het echter nooit onder ogen schijnt te hebben gekregen voordat de huidige, definitieve versie werd bewerkt ter gelegenheid van zijn tachtigste verjaardag, vier jaar later. In het gedicht klinken zoals in de rest van mijn werk thema's uit mijn persoonlijke en wetenschappelijke leven door; deze vaak duistere en specialistische elementen worden in aantekeningen toegelicht.

ב וַיֵּרָא מַלְאַךְ יהוה אֵלָיו, בְּלַבַּת-אֵשׁ — מִתּוֹךְ הַסְּנֶה; וַיַּרְא, וְהִנֵּה הַסְּנֶה בֹּעֵר בָּאֵשׁ, וְהַסְּנֶה, אֵינֶנּוּ אֻכָּל.

2 Daar verscheen hem de Engel des HEREN als een vuurvlam midden uit een braamstruik. Hij keek toe, en zie, de braamstruik stond in brand, maar werd niet verteerd.
(Exodus 3)

De hier aangehaalde vertaling is die van het Bijbelgenootschap, 1951. *De conventionele Nederlandse vertaling 'braamstruik' wordt niet ondersteund door de Hebreeuwse tekst noch door vertalingen in andere talen; de Willibrordvertaling 1995 heeft hier 'doornstruik'. Onmiskenbaar verschijnt de struik in deze passage als de verblijfplaats van God en / of van diens manifestatie in de zichtbare wereld ('engel', maar juist voor deze passage benadrukken de Bijbelcommentaren identiteit tussen god en manifestatie). Een goed verstaan van de tekst van het gedicht* Braambos *hangt af van het antwoord op de vraag: waarom werd de struik niet verteerd? Een braaf maar flauw antwoord ter verklaring van dit mysterie (bijv. gegeven door M. Henry in zijn gezaghebbende Bijbelcommentaar uit de 18e eeuw, nog in 1912 in het Nederlands vertaald en bewerkt door H. Bavinck) is dat de braamstruik Gods kerk voorstelt, 'die nu in dienstbaarheid was in Egypte, brandende in de tichelovens, maar toch niet verteerd; twijfelmoedig, doch niet mismoedig; nedergeworpen, doch niet verdorven'; de braamstruik ziet die auteur als een symbool van onaanzienlijkheid, vergeleken bij de hoge ceders die de meest indrukwekkende Bijbelse evocatie van de plantenwereld vormen). Een veel meer voor de hand liggend antwoord is dat de struik niet alleen het logeeradres van de godheid is maar ook op zijn beurt blijkt te zijn van de substantie van* de godheid zelf – vgl. de Egyptische godin Hathor die zich in de sycamoor-struik manifesteert maar er ook mee samenvalt (vandaar afbeeldingen van de sycamoorstruik met een gezicht en armpjes); en de identiteit tussen (a) onzichtbare overleden heilige, (b) door mensen gebouwd heiligdom, en (c) boom, bron en steen ter plaatse, in het Noordafrikaanse volksgeloof zoals ik dat vanaf 1968 bestudeerd heb.) De struik wordt niet verteerd omdat hij mede God zelf is vanaf de oorsprong (de God is een d r y a d e of boomgod, zoals de manifestatie des HEREN waarmee Jacob worstelt in Genesis 32:24 e.v. een s t r o o m g o d was); of (om deze waarschijnlijk in wezen juiste maar onthutsende lezing te nuanceren naar de Joods-Christelijke opvatting toe) omdat de struik zich, door goddelijke kwaliteiten aan te nemen, de eer waardig toont als tijdelijke verblijfplaats van de godheid te mogen dienen – met andere woorden, omdat hij (zoals al het geschapene) deelt heeft aan het goddelijke dat hij tegelijk niet is en wel.

Mag een post-katholieke, tot een heidense cultus vervallen (opgestegen of eenvoudig daarheen uitgeweken) dichter Rooms-geïnspireerde gelegenheidspoëzie schrijven voor een bevriende geestelijke? Ja, Joost van den Vondel – prins der Nederlandse dichters, als zodanig reeds bij zijn leven erkend – deed in de tweede helft van zijn leven niet anders.

Overigens zijn deze toch onmiskenbaar als lof bedoelde gedichten mij door de geadresseerde niet in dank afgenomen, wat ik ten dele moet toeschrijven aan diens onderontwikkelde staat als poëzielezer. Aanvankelijk, toegestuurd vanuit Kameroen, werd er met taal noch teken op gereageerd. Gebundeld tot een boekje heb ik ze later opnieuw aangeboden, aan een inmiddels kennelijk en erkend seniele Matthijs, en op de feestelijke viering van zijn tachtigste verjaardag voorgelezen. Omdat ik op zijn Alzheimer nog niet verdacht was, was zijn reactie verpletterend voor mij: 'Ja , Wim, je hebt mij natuurlijk altijd al het bloed onder de nagels vandaan gehaald...' Matthijs had zich vaak laten voorstaan op wat hij zelf benoemde als zijn zondige hovaardij, en het was voor mij (wie deze eigenschap al evenmin vreemd is) zijn lastigste kant; dat een ander daar dan over gaat schrijven, zij het in uiterst positieve zin, was kennelijk onaanvaardbaar.

Braambos

1.

Wat voor zijn moeder echt het hoogste was
had hij bereikt terwijl zijn leven eigenlijk
nog moest beginnen – tot zolang
de adem ingehouden, tot de snik
van heel zijn uitgestelde jeugd hem toch
met leegte achterliet, zijn lichaam nog
gekruisigd op de steenkoude vloer,[152] de bisschop
(karwei achter de rug) sprak al weer zalvend met de
ijverige goegemeente, die zich lacherig
rond hem herschikte: *'ons Matthijs*[153]
warempel heeroom nu'
die jeugd dus onherroepelijk verspeeld.

---

[152] Evocatie van het ritueel van priesterwijding in de Rooms-katholieke kerk, waarbij de kandidaat onder meer languit met uitgespreide armen op de kerkvloer moet liggen, alvorens tot het ambt verheven te worden.

[153] Gecursiveerde regels uitspreken met zwaar Limburgs accent. 'Heeroom' was in Rooms-katholieke families de uitdrukking voor een vadersbroer of moedersbroer die priester geworden was.

Braambos

2.

Hoe langzaam vormt zich litteken-
weefsel rond het eeuwigdurend
merkteken,[154] hoe brandt het in de nacht
naast andere (ooit nog eigen) lichaamsdelen,
hoe moet het verder nu je hebt beseft
dat – verbannen uit je Limburgse dorp en familie
naar een kring van vervreemdend confraterdom[155] –
je een ambulant braambos brandend mag houden
waarvoor je radeloos (St Vitusdans dansend met vingers
schijnbaar verkolend al) op zoek bent naar heilige grond.

---

[154] *merkteken*: volgens de Rooms-katholieke leer laten bepaalde wijdingen, zoals die tot priester, het doopsel, het vormsel, en het huwelijk, een onuitwisbaar merkteken achter op de ziel.

[155] Het kloosterleven is Matthijs vaak zwaar gevallen: worstelend om de evangelische nederigheid te vinden en te bewaren in de omgang met confraters die meestal aanzienlijk minder geschoold waren dan hijzelf en het niet tot hoogleraar gebracht hadden; en vaak geteisterd door vernederende en vernietigende beslissingen vanwege zijn superieuren. Een groot deel van zijn volwassen leven heeft hij, weliswaar als lid van zijn orde, zelfstandig gewoond buiten kloosterverband.

Braambos

3.

'Het is mijn taak
mijn god zichtbaar te maken
waar dan ook en in welke gedaante dan ook
het hem vergund is zich te manifesteren'[156]

    (het lijkt wel mijn taak mij als
    god zichtbaar te maken
    in onverschillig welke gedaante hij
    mij vergunt mij te manifesteren)

        ((god laat het mijn taak zijn te leren
        mijn masker van omhoogstuwende hovaardij
        af te leggen zoals een vogel zijn jeugdkleed
        zie mijn gezicht zoals ik dat leer zien in de spiegel
        strooi in de wonden van mijn leven
        as – nee, maak míj
        die as, laat mij worden wat wel verteerd werd
        onder de blik van de ander, van U, van
        jou als een ander)).[157]

---

[156] Woorden gesproken door Matthijs (ik ken hem slechts als Matthieu, maar gun hem in de slotzinnen van dit gedicht zijn voorkeursnaam) Schoffeleers toen hij het huwelijk inzegende van Patricia / Trecy Saegerman en mijzelf, Wortegem-Petegem (België – typisch ver buiten zijn ambtsgebied – zoals mijn toen nog gelovige broer niet naliet op te merken), 5 februari 1984; geen overdreven Limburgs accent hier, maar indien mogelijk, Matthijs's eigen civiele versie daarvan.

[157] Echo's van het werk van de hedendaagse Frans-Joodse wijsgeer Levinas, wiens werk grote aantrekkingskracht op Matthijs heeft uitgeoefend in de laatste decennia van diens leven, vooral in Nederlandse vertaling: *Het menselijk gelaat*, red. A. Peperzak, Utrecht: Ambo, 1971.

4.

Er is geen heilige plek
tenzij wij die zelf vertwijfeld heiligen
met ons eigen zweet, bloed en tranen
en ook dat geeft nauwelijks grond
maar blijft een wankele ijsschots

                      (waarin al die lichaamsvochten
putjes[158] hebben gebrand, met bleke of zwartrode bodem –
tot een luipaardvel,[159] teken van overwinning
uitgereikt bij een volgende,
    hogere wijding)

---

[158] Putjes, *cupholes, cupmarks*, behoren tot het centrale iconografische repertoire van Laat Paleolithicum tot Bronstijd, met vertakkingen naar diverse formele complexen waarmee ik mij speciaal heb beziggehouden: het kuiltjesspel (*mankala*), astronomische symboliek sinds het Midden-Paleolithicum, geomantische divinatie, en luipaardvelsymboliek.

[159] Zie ook het motto van dit boek, hiervoor, p. 4. In Afrika bezuiden de Sahara, in het Egeïsch gebied van de Bronstijd, in Zuid-Azië (maar dan als tijgervel), en in de wereld van het Soefisme in het Midden-Oosten, verschijnt het luipaardvel (met roodbruine en zwarte vlekken, 'rozetten', op een crèmekleurig fond) als de typische schouder- en rompbedekking van diegenen die de overwinning van het hogere op het lagere uitdragen: koningen, priesters, vrederechters / landpriesters (onder wie Menelaos, Paris, Antenor, Jason, Orpheus), initiandi, adepten, goden zoals Osiris, Dionysus (voor deze beiden zie noot verderop) en Indra. Soms wordt de met het luipaardvel beklede persoon aan het luipaard gelijk geacht, maar in die interpretatie lijkt de oorspronkelijke symboliek verloren te zijn gegaan. Wanneer deze nog intact is, fungeert het luipaardvel als strijdtrofee: het met leeuw, zon, droogte en transparantie geassocieerde hogere wezen heeft het met nacht, sterrenhemel (de vlekken als sterren), regen (de vlekken als druppels) en ambivalentie geassocieerde lagere wezen overwonnen en gevild – waarmee dragen van het luipaardvel symbool wordt van initiatie, loutering, uitverkiezing. Als geïnitieerd geestesmedium (*sangoma*) in de Zuidelijk-Afrikaanse traditie, bezit ik een luipaardvel dat een van mijn voornaamste parafernalia vormt ('mijn radio met God', volgens mijn geestelijk leidsman die als hogepriester in de Mwalicultus te Botswana, het mij ritueel op de schouders drukte), en nadere divinatie door een ander dan mijzelf had al eerder uitgewezen dat mijn rituele clannaam *S(h)ibanda* moest zijn – 'klauwdier, luipaard'.

Braambos

maar blijft een wankele ijsschots
                      op een kruiende rivier[160] – Eliza's
vlucht[161] maar wie is dan het kind in ons armen?
moet ik *mijzelf* naar de overkant dragen?
word ik alsnog Christofoor?[162] *(christoloog?)*.[163]

---

[160] Voor mij roept de kruiende ijsrivier ook de overgang op die ik heb moeten doormaken toen wie ik al twintig jaar kende als Matthieu, opeens (op aandringen van zijn huishoudster) Matthijs moest heten.

[161] Dramatisch hoogtepunt van Harriët Beecher Stowe's beroemde en invloedrijke boek *Uncle Tom's Cabin* ('*De Negerhut van Oom Tom*'; Boston, Jewett, 1852) is de scène waarin de slavin Eliza met haar kind vlucht over de ijsschotsen van de bevroren rivier die, binnen de Verenigde Staten van Amerika destijds, de grens vormt met de, van slavernij bevrijde, noordelijke staten. Er is hier ook een meer impliciete verwijzing naar het *Erlkönig*-thema (von Goethe), dat via het werk van Nabokov (waar het in zijn roman *Pale Fire* voorkomt, New York, Putnam, 1962 – een onvoltooide studie van dat boek begon ik in de jaren 1965-1966) een grote invloed op mijn eigen werk heeft gehad, *bijv.* in het gedicht 'Nachtbus' (*Klopsignalen*, 1978). Mijn eerste, onwetende kennismaking met het Eliza's-Vlucht-complex vond plaats via de Nederlandse dichter en theoloog Bernard ter Haar, die in 1854 een gedicht *Eliza's Vlucht* schreef als poëtische bewerking van de stof van Beecher Stowe. Ter Haar heeft een straat in de Amsterdamse Kinkerbuurt, waar ik vanaf mijn geboorte tot 1960 woonde; de Ter Haarstraat huisvestte het kleine Julianaziekenhuis, waar in 1952 mijn keelamandelen werden gepeld (een uiterst traumatische ervaring – tot mijn levenslange schaamte plaste ik van angst en pijn in mijn broek), en waar ik van 1953 tot 1958 iedere dag langskwam door de Bilderdijkstraat (Bilderdijk was tijdens zijn leven ook een beroemd dichter), op weg naar mijn thans niet meer bestaande lagere school – de St Bavoschool iets ten noorden van de kruising met de De Clercqstraat, op het terrein van de Rooms-katholieke parochiekerk *De Liefde*.

[162] Een verwijzing naar Martinus Nijhoff:
     'O Christofoor o satyr,
     Uw woede en vlucht zijn getemd',
uit het gedicht 'Satyr en Christofoor', *Vormen*, Bussum, Van Dishoeck, 1924). Volgens de Christelijke legende was Christofoor belast met het overdragen van mensen over een rivier, tot hij op een dag het Jezuskind op zijn schouders moest tillen.

[163] Een van Matthijs' meest invloedrijke artikelen is: J.M. Schoffeleers, 1989, 'Folk Christology in Africa: The dialectics of the Nganga paradigm', *Journal of African Religion*, 19, 2: 157-183.

5.
Uiteengereten, ingeploegd
deed Mbona[164] het Sjieredal opbloeien als Osiris[165]
wil jij de hoofdrol in de passiespelen[166] van Afrika?
wankelend hopt de eenbenige eenhelftige[167] het spiegelbeeld
in en uit: *als ik Mbona's dienst in leven kan houden
voert de ijsschots mij over als een veerpont.*[168]

---

[164] Centraal in Matthijs' wetenschappelijke en religieuze werk over de Beneden-Shire-vallei, Malawi, Zuidelijk-Centraal-Afrika, staat de mythische figuur van de martelaar en vegetatiegod Mbona, brandpunt van een regionale cultus die Matthijs zelf jarenlang als voornaamste officiant in stand gehouden heeft.

[165] *Osiris*: Oudegyptische god van vegetatie, dood en koningschap; een van de voornaamste vormen van zijn eredienst bestond uit het maken van een zaaibed in de vorm van een mummie, waaruit dan na enige weken de vorm van de god zich in groene jonge sprieten aftekende. Een echo hiervan lijkt de *Adonistuin* in Plato, *Phaedrus*, 276 B. Door geen enkele methode van taalkundige afleiding gedekt, dient zich niettemin poëtisch aan: de etymologie Shire < *Osire < Osiris; de klank –s- in exotische woorden wordt veelal als –sj- uitgesproken door moedertaalsprekers van Bantoetalen. Ook Mbona is een vermoorde god met vegetatieconnotaties, en hoort met Osiris tot een hele krans van zulke goden die zich (typologisch, maar misschien ook historisch) uitstrekt van West- en Zuidelijk-Centraal-Afrika (Cassara, Bituma, Chihamba) tot aan Europa en West-Azië, met veelzeggende parallellen in Midden-Amerika (die misschien suggereren dat met de – hoogstwaarschijnlijk al voor-Columbiaanse – introductie van Amerikaanse voedselgewassen ook een vegetatiecultus meekwam, hetzij over de Atlantische Oceaan, hetzij over de Stille Oceaan en zo verder westwaarts tot in Afrika en Europa).

[166] *passiespelen*: het Westeuropees toneel is onder meer voortgekomen uit het tijdens hoogtijdagen opvoeren, in de kerk, van het lijden en sterven van Jezus. In sommige gemeenschappen, bijv. Tegelen, Nederland, en Obergammergau (Beieren, Duitsland) vormen de periodieke passiespelen nog steeds een belangrijke traditie.

[167] *eenhelftig*: De eerder genoemde mythische figuur met maar één helft van zijn lichaam komt voor over heel Afrika en ook in mindere frequentie in heel Eurazië. Vgl. Schoffeleers' *Waarom God maar één been heeft*, waarin hij een indrukwekkende structuralistische, tijdloze analyse van deze figuur geeft die echter aan de historische en distributionele aspecten geen recht doet. Vanaf mijn vroegste experimenten met lange-afstandsanalyse in ruimte en tijd door heel de Oude Wereld, tot als mijn meest recente studies van de continuïteit van Afrikaanse en Euraziatische mythologie, heb ik mij sterk laten inspireren door de figuur van de 'halfling' (in Zuidelijk-Centraal-Afrika: *Mwendanjángula*, 'Degene van Wie de Top het Kenmerk is'), die vooral in het werk van Von Sicard overtuigend in kaart is gebracht: vgl. H. von Sicard, 1968-1969, 'Luwe und verwandte mythischen Gestalten', *Anthropos*, 63-64: 665-737.

[168] Een echo van Nijhoffs bekende gedicht *Het Veer*, waarin St Sebastiaan, doorschoten en wel, reïncarneert in een kind geboren in een veerhuis in Nijhoff's tijd.

Braambos

6.

En als bewijs wacht zij mij daar bij aankomst:
mijn zuster de ziel,[169] getooid met alle lichaamsdelen
die ik ontbeer, en nodigt mij uit
tot de vereniging waarin ik alsnog
mijn jeugd krijg uitgekeerd, en verder terug nog
het voorgeborchte in van zuiver
zielelicht ongeboren
mijn zuster de farao,[170] vaster grond onder woeste
gronden van stuivend duin.[171]

---

[169] Zo verschijnt de dood en het hiernamaals in de Oudiraanse kosmologie: een brug die de gestorvene overgaat, waarbij hem van de andere kant zijn ziel tegemoet komt en welkom heet; in het hele Oude Nabije Oosten (Iran, Anatolië, Egypte) was de zuster de ideale liefdespartner – een idioom dat ik tot mijn verrassing ook terugvond bij de Nkoya van Zambia, met wie mijn leven vanaf 1972 even vergroeid is als dat van Matthijs met de mensen rond Mbona in de Beneden-Shire-Vallei, Malawi vanaf de jaren 1950.

[170] Zoals met name Margareth Murray heeft betoogd (Murray, M.A., 1949, *The Splendour That Was Egypt*, Londen: Sidgwick & Jackson), waarbij talloze Afrikaanse parallellen (onder meer de Nkoya) die zij echter niet behandelt, wordt het koningschap in het Oude Nabije Oosten en Egypte (alsmede in Griekenland in de Bronstijd, vandaar bij voorbeeld Penelope's machtspositie tegenover de vrijers en tegenover haar echtgenoot Odysseus) overgeërfd van moeder op dochter, en kunnen mannen hierin slechts delen door een huwelijk met deze machtige vrouwen; mannen die koninklijke macht uitoefenen doen dit dus in feite namens hun echtgenote en / of zuster. *Vgl.* H. Claessen, red., *Machtige Moeders*, Leiden: Instituut voor Culturele Antropologie, 1986, waaraan ik een lang stuk over de Nkoya bijdroeg – de schets van mijn latere, veel uitvoerige boek *Tears of Rain* (Londen, Kegan Paul International, 1992).

[171] Anja Stoevenbelt ('Stuivend Duin'), tientallen jaren huishoudster, vriendin en medewerkster van Matthijs, de laatste decaden van haar leven devoot iconenschilderes, en gestorven najaar 2007.

Braambos

7.

Matthijs jij mag
veilig en gerust teruggaan

jij hebt op heilige grond[172]

en je werd niet verteerd.

---

[172] Het elliptisch karakter van deze zin is bedoeld.

VLOED (2007)

Vloed

Vloed: Een gedicht *werd geschreven te Haarlem en Rome in april / mei 2007, tegelijk met, en mede als een vorm van poëtisch onderzoek ter ondersteuning van, een wetenschappelijke studie waarin de prehistorische achtergronden van de wereldwijde verbreiding van zondvloedmythen worden verkend – als onderdeel van mijn toenemende betrokkenheid bij de vergelijkende mythologie, en als opmaat voor mijn analyse van de zeevolkeren van de Mediterrane Bronstijd.*

De passie waarmee ik, vijf jaar voor mijn beoogde pensionering, de complexe statistische analyses verrichtte die de harde kern van dat onderzoek uitmaakten (dezelfde passie trouwens waarmee ik tientallen jaren mijn onderzoeks-, publicatie- doceer- en managementtaken had vervuld) werd mij niet in dank afgenomen – reeds begin juni werd mij verreweg het grootste conflict van mijn carrière opgedrongen, mij werd een Berufsverbot *opgelegd, ik werd mondeling met ontslag bedreigd en die bedreiging bleef drie jaar lang onopgeheven, en gedurende diezelfde tijd mocht geen van mijn instituutscollega's meer met mij samenwerken – vanwege mijn kritische epistemologische en methodologische reflectie, als intercultureel filosoof, op de Afrikastudies werd ik een gevaar voor de jeugdige medewerkers geacht. Dat was een hoge prijs, maar de onbedoelde opbrengst van al dit geweld was: veel meer tijd voor eigen boekproductie – en die heb ik benut als een godsgeschenk. Na drie jaar verloren mijn tegenspelers hun ongecontroleerde machtsposities en werd ik in ere hersteld – juist op tijd om eervol en feestelijk afscheid te nemen van het instituut dat ik*

Vloed

vijfendertig jaar gediend had. Bij zijn eigen vertrek, twee jaar voordien, gaf ik mijn voornaamste tegenspeler de oorspronkelijke bundel Vloed *ten geschenke, met dank voor zijn inzet.*

Intertextualiteit, met name middels verwijzingen naar mythologie, geschiedenis, wetenschap, en de actualiteit van krantenberichten en andere documenten, is een gebruikelijk procédé in de hedendaagse literatuur. Aangezien de dichter ook buiten het dichterschap voortdurend tot verzadiging toe omgeven is door allerlei teksten en beelden, zou het een krampachtige kunstgreep vereisen om die teksten en beelden bij het dichten buiten de deur te houden. Daarbij doet zich echter de moeilijkheid voor dat wat voor de dichter veelbetekenend en veelzeggend is juist door deze dagelijkse vertrouwdheid (die aan een persoonlijke situatie is gebonden), voor veel lezers duister zou blijven zonder toelichting. Vandaar dat mijn eerdere bundels steeds van aantekeningen vergezeld gingen. Een verdere moeilijkheid is dat lezers bij poëzie aankomen met verschillende bagage, zodat, als men toelichting gaat geven, het niet vaststaan hoeveel toelichting nodig is; ik heb dit opgelost door domweg vrijwel alle mogelijke toelichting te geven, wat weer het gevaar inhoudt dat de lezer zich onderschat voelt en dat de toelichter pedant overkomt. De bundel Vloed *waaruit deze sectie bestaat, ontstond in een unieke persoonlijke situatie die met de werkelijkheid van de meeste lezers weinig raakvlakken zal hebben: als aanvullend poëtisch onderzoek naast een diepgaand wetenschappelijk onderzoek naar de wereldwijde verbreiding en naar de betekenis van zondvloedmythen – om aldus de oudste nog voor ons toegankelijke lagen van het menselijk denken bloot te leggen, en (ondanks de hedendaagse geopolitieke verkokering van identiteiten) de wereldwijde gemeenschappelijkheid van dat denken te onderzoeken vanuit een intercultureel-filosofisch perspectief. Vele verwijzingen in deze sectie betreffen daarom weinig bekende details van zondvloedmythen van over de hele wereld, en hun interpretatie binnen de vergelijkende mythologie.*

Volgens een tamelijk algemeen aanvaard artistiek criterium moet een tekst voor zichzelf kunnen spreken en geen uitvoerige toelichting nodig hebben. De lezer die zich op dat standpunt stelt, zal – en dat is zijn volste recht – voor het onderkennen en begrijpen van de intertextualiteit die in deze bundel aan de orde is, uitsluitend afgaan

Vloed

op zijn eigen algemene ontwikkeling. Voor de anderen, en voor mijzelf, geef ik in de voetnoten de volgende zeer uitvoerige aantekeningen, die inderdaad overgeslagen mogen worden maar misschien in sommige details toch een meerwaarde vertegenwoordigen. Zij maken dit gedicht tot een leerdicht, waarin poëtische kladuitwerkingen van door mij in wetenschappelijk onderzoek gevonden mythologische verbanden leiden – in het gedicht of in de aantekeningen – tot verrassende nieuwe stappen op dat gebied; maar waarin vooral – veel meer dan in de wetenschap mogelijk is – wordt uitgesproken welk steeds weer actueel inzicht in de menselijke conditie de oude zondvloedmythen blijken te bevatten. Vloed is eigenlijk, meer nog dan andere poëzie, een ambitieus, fundamenteel statement over het wezen van de werkelijkheid.

Het Oannes-vignet op pagina's 85 en 119 is ontleend aan: I.P. Cory, 1832, Sanchuniaton: Ancient Fragments of the Phoenician, Chaldaean, Egyptian, Tyrian, Carthaginian, Indian, Persian and other writers, with an introductory dissertation and an inquiry into the Philosophy and Trinity of the Ancients, *Londen: Pickering.*

Vloed

1. EN IK BEN DE BABY

En ik ben de baby
voorlopig aan de Beatrixvloed[173] ontkomen
bescheten aangespoeld tegen de torenspits van Bommel[174]
met mij bevat mijn mandje[175] alle
plagen[176] die dit land
hardnekkig het toch zo hoogtijdige
afsterven zullen beletten

Woorden, met name
die ongeacht hun klank of betekenis
het als weerloos bedoelde lichaam met duivelsschubben bedekken
tot vissen, als de samengebalde, gestolde vloed
totdat zij zelf weer tot bloedens toe uitgerukt worden
met het schubbenmes van ikkige podmuziek uit

---

[173] Elizabethsvloed, grootste overstroming in Nederland in de late middeleeuwen. Beatrix was de koningin van Nederland eind 20e – begin 21e eeuw; haar zoon en opvolger Willem Alexander is waterkundige.

[174] Verwijzing naar een bekend oud kinderliedje:
    'In de grote stad Zaltbommel
    heerste grote watersnood...'.

[175] Als vorige noot; maar vergelijk het mandje waarin groten als Mozes, Sargon, Cyrus te vondeling werden gelegd.

[176] De Doos (eigenlijk het Vat) van Pandora. Deze bevatte alle plagen van het mensdom maar ook de hoop, die er ten slotte in achterbleef. In mijn Engelstalige wetenschappelijke studies over prehistorische vergelijkende mythologie, vanaf 2005, wordt de term '*Pandora's Vat / Doos*' oneigenlijk gebruikt voor het gedeelde, en sindsdien min of meer universele, culturele pakket waarmee ca. 80.000 geleden een deel der Anatomisch Moderne Mensen (het type waartoe alle thans levende mensen behoren) Afrika voor het eerst verlieten op weg naar de andere continenten.

Vloed

drie miljoen *I-pods*;[177] hun opgeteld lekgeluid dát
zijn de bazuinen van het Laatste Oordeel[178]

Lijnen
die de vloed buitensluiten met dijken en daarbinnen verder
verkavelen tot haakse logica waarin elke bocht
van een teken voorziet moet als een ketter, als Kaïn[179]
daarbinnen het vochtgehalte beheersend
als een van bloed van vloed gedraineerd lijk;
en elke meter weg of spoorweg,
elke handbreedte gebouw boven het maaiveld,
geeft tot de derde macht verheven de
technische rationaliteit der bouwfraude[180]

---

[177] *I-pod*, spr. 'áái-podt', in het eerste decennium van de 21e eeuw een populair, draagbaar individueel muzieksysteem gemaakt door de overigens als computerfabrikant destijds overvleugelde maar inmiddels sterk teruggekomen firma Apple. *Vgl.* de volgende boodschap op: http://forum.stylegala.com/viewtopic.php?t=5237&sid=0e8548ce634f0 9cc34dfabd 42276ae34: Posted: Mon Apr 02, 2007 02:04

> 'Is there any truth to the rumor, that ipod is being forced to change the pronunciation due to some infringement or other, and it should now be pronounced with both the i and the o sounding the same as *ipid*, sort of like the vowels sound in *timid*. Strange news/rumor huh?' 4.01.07.

[178] Verwijzing naar het *Bijbel*boek der *Openbaring* 8:6 tot en met 9:21, en 11:19.

[179] Rechtdoorgaande wegen zijn de norm in het vlakke, volledig naar mensenmaat gevormde Nederlandse landschap – waardoor het volstrekt verschilt van *bijv.* het Zuidereiland van Nieuw-Zeeland, waar geen van de smalle wegen recht is over meer dan vijftig meter. *Kaïn*: volgens *Genesis* 4:1-17 de eerste (broeder)moordenaar, tot zijn daad geprovoceerd door Gods onbegrijpelijke (d.w.z. slechts uit oudere, verloren gegane of niet als parallel onderkende mythen te begrijpen) willekeur; vandaar dat de latere commentatoren God Kaïn vervolgens, als uit wroeging, een teken op zijn voorhoofd laten zetten als vrijwaring tegen de rechtsvervolging of bloedwraak door derden (die overigens nog nauwelijks konden bestaan). Het antagonisme tussen oerbroers (*vgl.* Romulus en Remus in het Oude Rome) lijkt complementair aan de innige, vaak zelfs sexuele en reproductieve, band tussen oertweelingen van verschillend geslacht.

[180] *Bouwfraude*: een slepende politieke affaire in Nederland in het eerste decennium van de 21e eeuw.

Vloed

De auto vóór ons heeft in de bocht getoeterd wij rijden hem klem
rukken zijn portier open en spietsen hem op de
paal van de hemelwaarts gerichte middelvinger
tot die er bij zijn keel weer uitkomt[181]
als een vloed van bloed en angstzweet
wat denkt hij wel; en, *denken
was toch verboden!*

De nieuwe preutsheid die TV-camera's
als de pik van Crusoë[182] na 22 jaar teruggekeerd van zijn eiland
dwangmatig doet inzoemen op de lichaamsopeningen van
                                      willekeurige derden
maar niet op de onmacht Balkend met nasale kerkstem
of de (door de bomen het Bos niet meer) wanhoop van maakbaarheid
van brood en spelen zijn zij nu de sponsors[183]

---

[181] In het eerste decennium van de 21e eeuw laaide in Nederland, mede door een zekere verruwing van de omgang tussen mensen (zowel autochtoon als allochtoon) in de openbare ruimte, de discussie hoog op over zinloos geweld tussen elkaar onbekende burgers. Het walgelijke, uit de Verenigde Staten van Amerika geïmporteerde gebaar van de opgestoken middelvinger kan als symbool gelden van deze neergang. Let ook op de gelijkschakeling van machine en bestuurder in deze passage.

[182] *Robinson Crusoë*: de held van het gelijknamige boek (1719) van de Engelse schrijver Daniel Defoë.

[183] Zodra in Nederland de regering Balkenende IV (met Wouter Bos als minister van Financiën was gevormd (februari 2007), gaven de publieke media (vooral de televisie) hun informatieverstrekkende functie op (hun kritische functie was al veel eerder bezweken) en beperkte zich nog meer dan tevoren het dagelijks nieuws tot plaatselijk, vaak hitsig, variété-achtig gebeuzel. Bijna tien jaar later duurt deze toestand onverminderd voort. Het meta-socialistische leerstuk (*Partij van de Arbeid*) van de maakbaarheid van de samenleving wordt aldus op onverwachte wijze bevestigd, maar nogal anders dan beoogd Gedurende de keizertijd (eerste eeuwen van onze jaartelling) werden in het Romeinse rijk de stedelijke burgers – die door de machthebbers ten onrechte een groter bedreiging werden geacht dan de invallende barbaren – gepaaid met uitdeling van brood en het organiseren van massale, bloedige schouwspelen.

Vloed

Het door Prins Carnaval persoonlijk gekozen massavernietigingswapen[184]
(*Christenbloed tegen de demonenschare van Mahomet*)[185]
toont dat van *intèllidzjend dieséin*[186] kennelijk geen sprake was
bij het sudderen van de oersoep waaruit hij met ons allen is opgeborreld
– een vloed die onlangs nog in New Orleans[187] aan land ging

Maar wij volgen handhavend naar Irāq en Afghanistan
'Nederland eert zijn h/gelden weer':[188] heel wat uit te leggen dus
bij de inburgeringscursus[189] voor Moslims zij vormen

---

[184] De beschuldiging van het bezit van *massavernietigingswapens* was het voorwendsel voor de Irāqoorlog (2003-2013), waarin de Verenigde Staten van Amerika, Groot-Brittannië, Nederland, en diverse andere landen uit het Noordatlantisch gebied meesleepten, aldus (maar misschien niet geheel zonder reden) de verhouding tussen Islam en het Noordatlantische gebied terugbrengend tot die in de vroege middeleeuwen. *Prins Carnaval*: eretitel voor een bevriend staatshoofd ten tijde van de Irāqoorlog, ook bekend als de machtigste mens van het Noordatlantisch gebied.

[185] *Mahomet*: archaïsche Europese versie van de naam van de Profeet Muḥammad. Helaas bleken Islamistische terreurbewegingen als Al-Qaeda, Islamitische Staat, Boko Haram, een millenaristische, inderdaad alle verworvenheden van de moderniteit ontkennende regressie na te streven.

[186] *Intelligent design*: van oorsprong Amerikaanse term waarmee in het eerste decennium van de 21e eeuw zogenaamde creationisten hun ongeloof belijdden in het vermogen van de materie om leven en denken voort te brengen zonder directe specifieke tussenkomst van een naar menselijk model denkende en handelende goddelijke schepper. De thematiek spreekt mij erg aan omdat ik reeds op mijn veertiende corresponderend lid was van de Association des Amis de Teilhard de Chardin, – in diens denken wordt een uitgesproken niet-creationistisch evolutiemodel uitgedragen, overigens op een wijze die gedeeltelijk al bij Leibniz (1646 - 1716) werd voorbereid. Overigens probeerde de Rooms-katholieke theoloog N. Max Wildiers in zijn voorwoord bij Teilhards hoofdwerk *Le Phénomène Humain* (1938-1940, postuum gepubliceerd 1955) – hoogstwaarschijnlijk tegen beter weten in en met de beste apologetische bedoelingen – de schijn op te houden dat Teilhard juist wel een direct goddelijk ingrijpen voor ogen stond bij het ontstaan van het leven en van het denken op aarde – alsof de gedachte van het inbouwen van deze mogelijkheden vanaf het begin van de materie afbreuk zou doen aan de grootheid van de Schepper. Mijn verhouding tot Teilhard heb ik voorlopig nader uitgewerkt in *Een lekker sodemietertje*, maar een apart aan dit onderwerp gewijd lang essay staat mij nog steeds voor ogen.

[187] Spr. *nōē ôrˈlē-ᵊnz*. Bedoeld is de grote overstroming van de stad New Orleans (zuidoosten van de Verenigde Staten van Amerika) van augustus 2005.

[188] Kop in het Nederlandse dagblad *De Volkskrant* 13 april 2007. In het eerste decennium van de 21e eeuw verschenen voor het eerst in meer dan een halve eeuw militaristische uitingen als vanzelfsprekend in de Nederlandse media. *Handhavend*: het Nederlandse wapen bevat de spreuk *Je maintiendrai*, 'ik zal handhaven'.

[189] Als strategie om het echec van nationale identiteit in de multiculturele samenlevingsideologie te

Vloed

een vloed van meewarige verwonderaars:
Irāq en Afghanistan waren toch ooit
vroege doelen van de uitzwermende
bekeringslegers van hun stichter[190]

Hemelbestormers van La Mancha
driewiekige stroomwindmolens[191] die van de vier hoeken der aarde

---

verbloemen werden in het eerste decennium van de 21e eeuw vreemdelingen die het Nederlands staatsburgerschap ambieerden, verplicht een cursus over taal en cultuur van Nederland te volgen.

[190] Namelijk de Profeet Muḥammad. Vanaf het vierde kwart van de 20e eeuw nam in Nederland de immigratie van een overwegend islamitische bevolking uit het Middellandse-Zeegebied sterk toe, wat in de eerste decennia van de 21e eeuw leidde tot wederzijds sterk negatieve beeldvorming en felle confrontaties tussen autochtonen en allochtonen.

[191] *Don Quixote de la Mancha*, hoofdpersoon uit de gelijknamige roman van de Spaanse schrijver De Cervantes (1547–1616; waarschijnlijk van Moorse afkomst), vocht in een beroemde passage tegen windmolens, waarin hij kwaadaardige reuzen zag. De passage heeft een bijzondere, nog steeds beschamende autobiografische betekenis voor mij. Vanaf de eerste klas van de lagere school liep ik alleen en zonder ouderlijke begeleiding van school naar huis, over een afstand van een paar grote huizenblokken. Twee speelgoedwinkels bevonden zich op de route. Op de heenweg liep ik soms samen met een bevriende klasgenoot – de zoon van een bakker een blok schuin achter ons; ook op de terugweg liep ik soms samen met een wisselend groepje klasgenoten. Ik was diep ongelukkig in ons gezin (dat ik ervoor als het hol van de menseneter – *vgl.* noten 206, 229 – , geteisterd als het was door lichamelijk, verbaal en seksueel geweld), en alsof ik deze ontreddering uitstraalde werd ik als ik zonder mijn vriendjes van school naar huis liep, vaak getreiterd en geschopt door één jongen van een andere school die gedeeltelijk hetzelfde traject aflegde. Op tweederde van de eerste klas, in het voorjaar van 1954, waren wij als groep de leeskunst bepaald nog niet machtig, maar de familiemythe wilde dat ik al kon lezen voordat ik naar school ging. Dat diende getoond, als uiting van een levenslang verlangen – ook in deze aantekeningen naspeurbaar – om veel groter kennis te suggereren dan ik in feite bezit. In de etalage van één van beide speelgoedwinkels stonden vele door ons felbegeerde miniatuurauto's van het destijds populaire merk *Dinky Toys*. Ten overstaan van mijn vriendjes schepte ik op dat ik de naam van dat merk kon lezen: 'Kijk maar, daar staat: *Don Quixote*'. Een ons onbekende, ongeveer twaalfjarige jongen stond ook bij de etalage, en hoorde mijn intellectueel hoogstandje meewarig, maar gelukkig zonder commentaar aan. Zelfs hem ontging waarschijnlijk de ironie die mij in deze situatie zelf tot Don Quixote gemaakt had; in menig opzicht zou ik dat mijn hele leven blijven, kennis veinzend en vervolgens (op de wijze van T. Sturgeons verhaal 'The microcosmic God' (1941); o.m. in: Sturgeon, T., *Microcosmic God: The Complete Stories of Theodore Sturgeon, II*, New York: Manor Books, 1975) met ongelooflijke snelheid toch verwervend, gedeeltelijk uit pure hartstocht, maar ook vaak ten einde de overrompelende vloed van angst, afwijzing, schaamte en geweld een dijk op te werpen. *Etherstremming*: de stagnerende klassieke natuurkunde zocht aan het einde van de 19e eeuw toevlucht in een hypothetische 'ether', die empirisch niet bleek aan te tonen, en die met de komst van relativiteitstheorie en kwantummechanica in de eerste decennia van de 20e eeuw een verouderd begrip werd.

Vloed

een suizelende aanfluiting maken, een etherstremming
die met elke slag groen paddenslijm over het land kwakt
ideale kweekplaats voor voetbal trouwens

Als een Chinese keizersdame schrijdt
in eenparig ballet met de andere forensen die het station uitkomen
het hoofddoekmeisje over straat haar kristallen
spiegel als een mobieltje ritueel strak verticaal een armlengte vóór zich
het hoofd gefixeerd turend ik weet al wie de schoonste van het land is[192]
niet NOKIA maar SAMSUNG[193] met klepschuif

-'ja ik loop nu het station uit' - 'ja ze heeft het goed uitgelegd'

omhels ware vrienden virtuele aaien tegen daltarief
drilboren in je eenzaamheid worst aan de voor je uit gestoken
stok van je zinloosheid
elke stap die je gaat ben je bereikbaar
beneemt een onstuitbare stroom van buiten je de adem
zijn je coördinaten op een meter nauwkeurig
doorgeseind naar het Pentagon[194]

'ja ik denk dat ik je daar al zie'

---

[192] Verwijzing naar het bekende sprookje *Sneeuwwitje* (Gebroeders J. & W. Grimm, 1812-15, *Kinder- und Hausmärchen* – onder redactie van Hans-Jörg Uther, deel I-IV, Munchen: Diederichs 1996 – no. 53: 'Schneewittchen'), waarin het raadplegen van een toverspiegel (*vgl.* Internet?) de boze koningin aanvankelijk onbegrensde informatie gaf maar haar tenslotte noodlottig werd. Merk op dat hier in het gedicht de toverspiegel niet meer leidt tot waarneming (hoezeer ook door ijdelheid vertekend) van het eigen zelf, maar slechts tot waarneming van – door zorgvuldige marketing – tot zowel begerenswaardigheid als snelle veroudering opgezweepte handelswaar.

[193] Twee bekende merken op de consumentenmarkt van individuele communicatie in het eerste decennium van de 21e eeuw. De klepschuif is als model mobieltje allang weer verouderd nu (sinds ca. 2010) de *I-phone* van *Apple* de norm lijkt te zijn geworden.

[194] *Pentagon*: militair hoofdkwartier van de Verenigde Staten van Amerika; het gebouw is genoemd naar zijn vorm van een ster met vijf punten, die al millennia lang geassocieerd is met magie en daarin vooral de mens symboliseert.

Vloed

Dus wees gerust,
achter de dijken loert de vloed
om haar eeuwige wraak op dit land, haar
koekoeksjong,[195] haar onwillige jonge minnaar,[196] te voltrekken.

---

[195] *Koekoeksjong*: De koekoek legt zijn ei in het nest van een andere vogelsoort; eenmaal uitgebroed werkt het koekoeksjong zijn pleegbroertjes en - zusjes het nest uit en monopoliseert alle zorg van de ouders. In *Een lekker sodemietertje* verken ik onder meer in hoeverre de term koekoeksjong op mijzelf van toepassing is.

[196] *Zondvloedmythen* vormen reeds sinds zeker ca. 30.000 jaar een opvallende aanwezigheid in de mythologie van de Anatomisch Moderne Mensen. Zij gaan terug op een model dat zijn oorsprong vindt in Centraal-Azië, volgens welk de scheiding tussen land en water de centrale kosmogonische en antropogonische gebeurtenis is - waaraan dus heelal en mensheid hun ontstaan danken. Het onderscheid tussen land en water staat dan model voor elk ander onderscheid, conflict en dialectiek. Het als mannelijk en junior gedachte Land is de zoon van de als vrouwelijk en senior gedachte Oerwateren, en uit hun incestueuze verbintenis komt de werkelijkheid voort. Indien aldus de bestaansorde gebaseerd is op de scheiding tussen land en water, betekent het ongedaan maken van die scheiding (met andere woorden, de zondvloed) het einde van de wereld, de terugkeer tot het niet-zijn. Misschien 10.000 jaar later werd dit horizontale model getransformeerd door de uitvinding van de hemel, en gaan in veel zondvloedmythen verticale, op *de scheiding van hemel en aarde gerichte* thema's overheersen. Dan handelt de zondvloed vooral over het ongedaan maken van de scheiding tussen hemel en aarde (waarvoor de wateren van boven en beneden zich weer vermengen, als vóór de schepping). Later gaat ook dit kosmogonisch besef verloren, en wordt de zondvloed door vertellers en toehoorders geïnterpreteerd als een *gevolg* van de, nu niet meer als kosmogonisch noodzakelijk maar als rampzalig ervaren, scheiding van hemel en aarde - zodat aan het eind van de zondvloed uitdrukkelijk een nieuwe verbinding tussen hemel en aarde moet worden gemaakt, in de vorm van een trap of ladder (een Oudegyptisch, Bijbels en Oceanisch motief), brug (Perzisch), toren (een motief uit *Genesis* 11 en uit Zuidelijk-Centraal-Afrika), regenboog (*Genesis* 9), etc. De kosmogonie van de Oerwateren heeft nog een ander mythisch thema opgeleverd: de incestueuze verbintenis tussen scheppende maagdelijke moeder en haar enige zoon is een van de meest voor de hand liggende antwoorden gebleken op de nijpende vraag, hoe het eerste wezen zonder tussenkomst van een wezen van het andere geslacht de wereld kon bevolken, vóór zowel als ná de zondvloed. Wij mogen ervan uitgaan (mede op grond van talloze aanwijzingen in de vergelijkende mythologie) dat dit wezen in eerste instantie als vrouwelijk gedacht werd - het *Bijbel*verhaal van de schepping van Eva uit de rib van Adam is onmiskenbaar een late, masculiene transformatie van deze gedachte.

Vloed

2. EN IK BEN NÓEACH

En ik ben Nóeach[197]
ik heb de kalebas van mijn afzonderlijkheid gekweekt[198]
binnen het vruchtwater van mijn moeder haar schoot
getemde driften treden ordelijk binnen, twee aan twee[199]
onder het monkelend oog van mijn bewustzijn
zodat ik mij zo dichtbij toch niet vergrijp aan haar organen
die mij omgeven als bergtoppen de laatste
drenkeling in de vloed

Heer Noech ben ik, zaad van Ichnoech
aangeblazen door Dzjibriel[200]

---

[197] Noaḥ, de zondvloedheld van *Genesis* 6-10.

[198] In sommige zondvloedmythen, met name uit Oceanië (en ook volgens een *Talmoedische* traditie toegepast op het paradijsverhaal in *Genesis*) vormde de ontdekking van de seksualiteit (met name in broeder-zusterincest) de directe aanleiding voor het einde van het paradijs, met andere woorden voor de zondvloed. De 'Ark' of zondvloedtoevlucht wordt vaak gevormd door een natuurlijke kalebas of een ander natuurlijk groeisel, *bijv.* een rietstengel, boomstam, of een blok hout. Ook de kinderen die na de Zondvloed de aarde moesten herbevolken komen volgens veel tradities uit een kalebas – logisch, want als de zondvloed een straf is voor de menselijke ontdekking van de sexualiteit, kan het eerste bevolkingsherstel maar beter met niet-sexuele middelen worden bewerkstelligd – des te meer omdat de vloed alle vuur (als wijdverbreid symbool van sexualiteit) op aarde gedoofd had. In de onderhavige dichtregels is de kalebas de placenta. Dat beeld lijkt ook aan de etymologie van de naam Noaḥ ten grondslag te liggen: 'matrix waarbinnen het Zijnde (gesymboliseerd door Noaḥs zonen Ḥam en Japhet – met Šm / Sjem, 'Naam', als virtuele derde) tot wasdom komt'; zie: Wim van Binsbergen & Fred Woudhuizen, 2011, *Ethnicity in Mediterranean Protohistory*, British Archaeological Reports (BAR) International Series No. 2256, Oxford: Archaeopress, p. 153 e.v.

[199] Zoals in de populaire, op de *Bijbel* geïnspireerde voorstelling de paren van elke diersoort de Ark binnengingen.

[200] *al-Nūḥ* komt in de Qurʾān voor in *soera* LXXI, die zijn naam draagt. *Iḫnūḫ* is de Arabische vorm van Enoch, die met Idrīs (of *als* Idrīs – twee figuren worden meestal met elkaar geïdentificeerd) een grote, vooral legitimerende rol speelt in de Arabische magie. Jibrīl is de Arabische vorm van Gabriël – de aartsengel die de Qurʾān dicteerde aan de Profeet Muḥammad.

Vloed

maar in het schemerduister van de Ark
waarin de kolkende vloed, regen en de opspuitende bronnen buiten

een geraas maken waarin horen en zien vergaan met de wereld,
gaat Cham,[201] mijn liefste zoon, zich niet houden aan de verboden
voor tijdens deze reis, ligt met dat jonge ding te donderjagen
onder de luipaardvellen eerste kleding van Adam en Eva
en vindt zo toegang tot het oudste geheim
(je gelooft toch niet in ernst dat ik hem later pas heb weggestuurd
omdat hij lachen moest om mijn dronken naaktheid?)

Ik ben Osiris in zijn kist,[202] maar Seth[203]
(Hij van de Uitgebreidheid,[204] van het Grensgebied,
de Storm, de Wateren) heeft zich vergist: de kist, volmaakt bemeten,
is geen sarcofaag maar een ruimtesonde
waarmee ik in *hyperspace*[205] de meest verschrikkelijke grens overschrijd
waarvoor zelfs sterven onvoldoende oefening is:

---

[201] Deze passage gaat terug op Talmoedische en Arabische overleveringen over de zondvloed: het gebeente van Adam, en / of de dierenvellen waarin hij en Eva gekleed gingen na verdrijving uit het paradijs (specifiek als *luipaardvellen* aangemerkt), zouden als machtige relikwieën en magische objecten aan boord van de Ark zijn meegenomen; voor de hele reis gold een verbod op seksualiteit (verwijzend naar de wijdverbreide samenhang tussen zondvloed en de ontdekking van seksualiteit, maar later gerationaliseerd vanuit de beperkte ruimte in de Ark, die voortplanting ongewenst maakte); Noaḥs zoon Ḥam zou dit verbod hebben overtreden, en / of zou getracht hebben magie te bedrijven met het gebeente of de dierenvellen, en dit zou de ware reden geweest zijn voor Noaḥs vervloeking van Ḥam – welke in de *Bijbel* slechts wordt verklaard uit Noaḥs kater na de eerste dronkenschap, in een onmiskenbare rationalisatie. Zie: Heller, B., 1993, 'Nuḥ, the Noaḥ of the Bible', in: C.E. Bosworth, E. van Donzel, W.P. Heinrichs & G. Lecomte, 1968-, red., *Encyclopaedia of Islam*, nieuwe uitgave, VIII, Leiden: Brill, pp. 108-109.

[202] Volgens een bekende Oudegyptische mythe trachtte de god Seth / Soetech zijn broer Osiris (de latere onderwereldgod) te doden door hem een doodkist (vgl. Ark!) te laten uitproberen die zich onherroepelijk om hem sloot en waarin hij in zee verdronken werd. Hier is Osiris dus de falende vloedheld, Seth de vloed die hem verslaat.

[203] De god Seth is een typische chaosgod, geassocieerd met alles (zee, bergen, woestijnen) wat in Oud-Egypte buiten het cultuurland viel van Nijlvallei en Delta, waarover Osiris heerste als vegetatiegod.

[204] Vgl. de opmerkingen, hieronder, over uitgebreidheid en denken bij Descartes en Deleuze / Guattari.

[205] *Hyperspace*: algemeen in science fiction gebruikte term voor een fictieve tijdruimtelijke structuur die, op de juiste wijze technologisch aangesproken, ruimtevluchten sneller dan de lichtsnelheid mogelijk zou maken.

Vloed

De grens van nog niet te zijn naar wel:
omgekeerde Hamlet die door Ophe-
lia verkracht wordt zie zijn oom
vergif opslurpen uit zijn vaders oor en
grensvervagend zaad in Hamlets eigen oren druppelen[206]

Hoe zijn moeder het ooit voor hem gespilde
vruchtwater weer puilend rond hem trekt als een doodskap aansnoert
zie hoe zij terugkeert tot de witte wateren
haar ware aard toont Fortinbras doodt
de wereldorde terugneemt door de scheiding
tussen land en water ongedaan

Zie hoe de schone blote dolk de aanstaande wond verlaat[207]

Oneindigheid is alleen
aan de andere kant van de spiegel

---

[206] In Shakespeare's tragedie *Hamlet: Prince of Denmark* vermoordt de oom Hamlets vader door vergif in diens oor te druppelen, om vervolgens de weduwe te huwen en het koningschap te verwerven. De liefdesrelatie tussen Hamlet en Ophelia wordt niet geconsumeerd en zij, krankzinnig geworden, pleegt zelfmoord door verdrinking – als een falende vloedheldin. Inderdaad heeft bij Shakespeare de relatie tussen Hamlet en zijn moeder veel van die van de Maagdelijke Scheppingsgodin en haar Zoon / Minnaar, waarin de oude kosmogonie van de scheiding van Water en Land nog te herkennen is. Tegen deze achtergrond moet het mogelijk zijn om, voorbij de onmiskenbare Oedipale thematiek, en het toneelstuk lezend als een onbewust getransformeerde zondvloedmythe, een dieper en overtuigender inzicht te krijgen in de ware reden van Hamlets rampzalig weifelen. Is ook hij een falende vloedheld? Of moet hij gezien worden als hoofdpersoon in een tot mensenetermythe getransformeerde zondvloedmythe? Fortinbras overleeft de gewelddadige slotscène en biedt in zijn slotwoord zicht op een hoopvoller toekomst. Deze strofe heeft in het gedicht een *Shakespearean* ritme.

[207] Uit Hamlet's monoloog (*Hamlet*, III. 1):
  '...when he himself might his quietus make /
  with a bare bodkin [= 'dolk'] ?...'
Dit *bodkin* motief staat ook centraal (onder meer via de verwijzing naar de Jungiaanse studie van Maud Bodkin in *Archetypal Patterns in Poetry*, Londen, Oxford University Press, 1934) in Nabokovs *Pale Fire*.

Vloed

Ik verschans mij op het brandpunt
in de wapenrusting de ark van het ik.

Vloed

3. IN DE VAL

In de val[208]
stelt de rat (de aardduiker)[209] vast dat zijn rug niet gebroken
maar zijn platgeklapte dijen liggen onder de klem als een open boek

Op een laaghangende wolk
komen broertje en zusje[210] aandrijven (– 'en als ik nu een hertje werd,
zusje' – 'nee sufferd dat is een ander sprookje toch'
– 'maar waar wij vandaan komen lustte ik geen rat')

---

[208] *val*: In veel zondvloedmythen wordt de waarschuwing van de naderende zondvloed gegeven als beloning voor de onbaatzuchtigheid waarmee een mens een dier of mens in nood bijstaat. Hoewel dit veel als zelfstandig motief voorkomt buiten Zondvloedverband (*bijv.* bij Esopus en De la Fontaine) suggereert het dat de Zondvloed misschien eerder te maken heeft met de eerste vestiging van een (bij uitstek aan de mens voorbehouden) altruïstische morele orde, dan met de ontdekking van de sexualiteit, die de mens met de dieren deelt. Ook in *Genesis* is de Zondvloed straf voor moreel vergrijp. Overigens vindt in vele tradities de herbevolking na de Zondvloed plaats, niet zozeer met plantaardige middelen (zie boven, kalebas) maar door geslachtelijke omgang tussen mensen en *dieren*; sprekende dieren in plaats van mensen treden in vele tradities op als de eerste met verstand begiftigde wezens op aarde.

[209] *aardduiker*: Een in Europa niet algemeen bekend zondvloedthema uit Noord-Oost-Azië Azië en de Nieuwe Wereld is dat van de aardduiker: een knaagdierachtig wezen dat kennelijk de zondvloed overleeft en daar een eind aan maakt door een kluitje aarde op te duiken, waaruit vervolgens het droge land weer ontstaat door blazen (vergelijk de Geest die in *Genesis* 1 over het water zweeft, en die ingeblazen wordt in *Genesis* 2: 7; maar vergelijk ook de vogels die – als waren het getransformeerde aardduikers – worden uitgestuurd door Noaḥ (*Genesis* 8: 6-12) om te zien of de aarde al is drooggevallen – heel *Genesis* 1-12, en niet slechts de hoofdstukken 6-10, is overigens op te vatten als een uitgesponnen zondvloedmythe). De aardduiker lijkt een narratieve personificatie van het ontstaan van het Land uit de Oerwateren. In andere tradities verschijnt de aardduiker als een waterkoet of vergelijkbare watervogel.

[210] *broertje en zusje*: Een thema dat in veel zondvloedmythen wordt aangetroffen, is dat van de oertweeling, waaruit in het paradijs, of in de eerste herbevolking na de zondvloed, andere mensen en goden ontstaan (*vgl.* ook *Genesis* 2-3, waarin – zoals gezegd, in typisch masculiene omkering van de oorspronkelijke Water-Land verhouding – de vrouw uit de man is ontstaan en zijn echtgenote wordt). In dit deelgedicht wordt bovendien specifiek aangesloten bij een Grimmsprookje 'Broertje en Zusje', waarin de zondvloedthematiek vrijwel geheel weggevallen is (*vgl.* Grimm, aagehaalde werk, no. 11: '*Brüderchen und Schwesterchen*'). Overigens is ook het Oudjapanse scheppingspaar Izanagi イザナギ / 伊弉諾 en Izanami イザナミ / 伊弉冉尊 / 伊邪那美命, broer en zus, die op een wolk komen aandrijven.

Vloed

De taal die de dieren de mensen geleerd hebben komt nu van pas
met gespleten tong (een strak doorveterd[211] regenboogvel
schittert geheim onder de rattevacht)[212] smeekt de rat om zijn vrijheid
en beloont de kinderen 'pas op, mijn boze Meesteres
breidt haar Wateren uit want zij voorziet jullie overbloedspel'
('Zie je wel, ik word toch liever hert' – 'nee broertje,
wat kan ik straks als iedereen dood is nog voortbrengen zonder jou?')
'Schuil, want verder zal alles dood'

Zij zijn het leven, het vuur dat tegen de schallende wateren
toevlucht zoekt in een rietstengel
met was snel toegestopt (bijen en oeverplant vestigden toen al
de dynastie van broertje zusje voor veel later langs de Nijl;[213]
en Prometheus schichtig in en uit beeld met rietstaf
terloops zijn lever terugstekend in de schede)[215]

---

[211] *doorveterd*: de aantekeningen en illustratie bij het volgende deelgedicht, 4., suggereren een verband tussen regenboog en een kruislings veterpatroon als in rijglaarzen of hoge sportschoenen.

[212] De Regenboogslang is een oeroud mythisch motief van *vijandigheid*, met name de Vijand van Regen en Bliksem – wat meteorologisch ook wel klopt als we beseffen dat meestal de regenboog en de zon verschijnen als regen en onweer voorbij zijn. Gezien zijn verbreiding lijkt het erop alsof dit motief reeds in *Pandora's Doos of Vat* werd aangetroffen, met andere woorden tot de oorspronkelijke culturele erfenis behoorde waarmee 80.000 jaar geleden een deel der Anatomisch Moderne Mensen Afrika verlieten om de andere werelddelen te gaan bevolken.

[213] Verwijzing naar de koningstitulatuur van het Oude Egypte, waarin 'Zij van het Riet en de Bij' (*nswt-bit*, 𓇓𓅱) een van de voornaamste vorstelijke titels is. De interpretatie van deze titel was een belangrijke opgave in mijn wetenschappelijke werk vanaf ca. 1998. Dit vooral omdat (zie volgende voetnoot) zij sporen lijkt te hebben achtergelaten in de overleveringen van het Nkoyavolk uit Zambia, onder wie ik sinds 1972 onderzoek doe – wat waarschijnlijk betekent dat die overleveringen duizenden jaren oud, en mythisch moeten zijn, in tegenstelling tot de recente, historische interpretatie die ik van ze gaf in mijn boek *Tears of Rain* (1992). Overigens komt het bijenmotief in dit gedicht nog enige malen voor als *was*, en in het thema van de ontdekking van de seksualiteit, wordt naar de mening van de meest vooraanstaande structuralistische mytholoog symbolisch afgebeeld als *honing* (C. Lévi-Strauss, 1966, *Du Miel aux Cendres: Mythologiques II*, Parijs: Plon).

[215] In veel zondvloedmythen speelt na de vloed het probleem van het opnieuw ontsteken van vuur (alle vuur was immers geblust), en zelfs het verbod op vuur (*vgl.* seksualiteit). In talloze rituele contexten in de Oude Wereld (van de paaswake van de Rooms-katholieke kerk tot jaarlijks gemeenschapsritueel in de dorpssamenlevingen van Zuidelijk-Centraal-Afrika) is het opnieuw ontsteken van het vuur een viering van de vestiging van een nieuwe, blijvende, en gecentraliseerde wereldorde – zoals na de zondvloed. Voor de vergelijkende mythologie zie

Vloed

Broertje en zusje zijn de laatste hoop die uit de hemel neergedaald
nu veilig opstijgt; hun riet wordt tot een vluchtberg, een boom, een
liftschacht[216]
terwijl de vloed alle leven, mensen, vuur verdrinkt

Als het geraas buiten lijkt opgehouden
steekt zusje met haar naald het waszegel door[217]

---

mijn artikel uit 2010: 'The continuity of African and Eurasian mythologies...'. In *Genesis* 8:20 vormt het offer van Noaḥ na de zondvloed de rituele overgang naar de terugkeer van het vuur, en van normale betrekkingen in de omgang tussen mensen en tussen mens en natuur; mensnatuur betrekkingen worden in dat kader uitdrukkelijk bekrachtigd in de termen van het Verbond dat God met de zondvloedheld sluit. Op de achtergrond van dit alles speelt mee het schema van een oeroude cyclus waarin een beperkt aantal basisverschijningsvormen van de werkelijkheid (vuur, hout, water, aarde, lucht, metaal, en dergelijke) elkaar in een vaste volgorde van transformaties opvolgen en afwisselen. Dit schema heeft door de hele Oude Wereld – dat wil zeggen: Afrika, Azië en Europa – sporen achtergelaten (zijn *Before the Presocratics*), kan zelfs in de Nieuwe Wereld sporadisch worden aangetoond, maar treedt het duidelijkst in het Chinese Taoïsme op de voorgrond, als 'de Vijf Toestanden', 五行 *wū xíng*. Prometheus is de broer van Epimetheus, zwager dus van Pandora; de twee laatstgenoemden waren de ouders van Pyrrha, de echtgenote van de Griekse zondvloedheld Deukalion. Prometheus lost het vuurprobleem op door dit ontbrekende element, verborgen in een rietstengel (*nartex*), uit de hemel te stelen ten behoeve van zijn nicht en aangetrouwde neef, die de zondvloed overleefd hebben. Wellicht kan zijn gift van het vuur ook gezien worden als symbolisch voor het hernemen van de menselijke seksualiteit, die echter nog niet aan de orde is de eerste keer dat Deukalion en Pyrrha na de zondvloed mensen produceren: dat gebeurt namelijk door stenen achterwaarts over hun schouder te gooien. Prometheus wordt voor zijn vuurdiefstal gestraft door ketening aan de Kaukasus, waar een roofvogel dagelijks zijn lever komt uitpikken. Andere mythen evenwel spreken van zijn verzoening met Zeus, vooral ten behoeve van het (blijkbaar succesvol) afwenden van een groot Oedipaal gevaar dat voor Zeus dreigt: evenals diens vader Kronos door Zeus, en grootvader Oeranos door Kronos, dreigt ook Zeus door een zoon onttroond te worden.

[216] *boom*: In veel zondvloedmythen is de toevlucht van de zondvloedheld niet een door mensen gebouwde of natuurlijk gegroeide Ark, maar slechts een natuurlijke verhoging zoals een boomstam, boom of bergtop; *liftschacht*: In verscheidene zondvloedmythen, weer vooral uit Noord-Oost-Azië en de Nieuwe Wereld, ontkomen vloedhelden (vooral dieren) aan de vloed door in een holle rietstengel omhoog te klimmen naar de hemel. De parallel met de Griekse Prometheus-mythe is hier wel zeer duidelijk.

[217] Authentiek detail, naast diverse andere in dit deelgedicht, uit Zuidchinese vloedmythen,

Vloed

En door het gat storten zich
zon en regenboog op de schachtbodem
terwijl de rat zijn lang gerepeteerde kunststuk eindelijk uitvoert
en uit de wateren der uitgebreidheid
een kleiklompje van modder bovenbrengt en droogblaast

Wees nu mijn tweeling
in het tweede paradijs.

---

onder meer rond 伏羲 Fu Xi en 女媧 Nu Wa.

Vloed

4. KLAAGLIED UIT HET OERWOUD VAN ZUID-AMERIKA

Wie van ons zusters heeft ze uit handen gegeven[218]
de fluiten, de trommels, het geheim van de toegang
tot de grot met de sprekende tekens
het vuur dat het water bedwingt
de rode zigzagsteen van bliksem en vrouw worden[219]

---

[218] Dit deelgedicht is gebaseerd op een zondvloedmythe bij het Tobavolk van Noord-Argentinië (*vgl.* John Bierhorst, 1988, *The mythology of South America*, New York: William Morrow, pp. 142-143; met dank aan Mark Isaak, 2005, 'Flood Stories from around the world', http://home.earthlink.net/~misaak/floods.htm): de zondvloed wordt opgeroepen door de Regenboogslang die razend wordt omdat een menstruerende vrouw door haar staat het water bezoedeld heeft. Hetzelfde thema wordt (op een wijze die herkomst uit *Pandora's Doos* / Vat suggereert) gevonden in Arnhemsland (Noord-Australië), en in Zuidelijk-Centraal-Afrika. In laatstgenoemd gebied onder meer rond de mythe van Ruweej / Roeweedjz, die aanvankelijk vorstin van haar volk was (in het gehele gebied waren naar verluidt de eerste generaties vorsten steeds vrouwen), tot met de komst van een vreemdeling, Jager / Dzjiwinda, de gedachte postvatte dat een menstruerend vorst een bezoedeling voor het koningschap betekende; bijgevolg was dit ambt voortaan niet meer aan vrouwen maar aan mannen voorbehouden – een hoofdthema ook in mijn boek *Tears of Rain*. Het deelgedicht verbindt dit thema met het door de Nederlandse godsdienstfenomenoloog Sierksma (1917-1977) onderkende thema van *De roof van het vrouwengeheim* (1962): de opkomst, na het Neolithicum, van gewapende mannen die het vrouwelijk overwicht over voortplanting en voedselproduktie tenietdoen en zich als teken van hun suprematie de vrouwelijke cultussymbolen toe-eigenen. Dit type 'matriarchale' thema's was populair in de antropologie en vergelijkende mythologie tot aan het midden van de 20e eeuw. Het is niet zeker of zij een historische grond hebben of louter (zoals de meeste hedendaagse wetenschappers menen) een antimasculine en vrouwvriendelijke, moderne mythe vormen in de handen van goedbedoelende geleerden (naast de genoemde Sierksma, ook Bachofen, R. Graves, Friedrich Engels, en het meest recent M. Gimbutas).

[219] In mijn vergelijkend-mythologische studies vanaf 2005 suggereer ik dat het dubbele zigzagpatroon dat onder meer op een rood-okeren blok uit de Blombosgrot, Zuid-Afrika, is gevonden en dat daar ca. 70.000 jaar geleden op werd gekrast, een afbeelding is van de bliksem, als het (in vrouwelijke initiatieriten tot heden toe doorgegeven) symbool van de levenskracht die in menstruatie doorbreekt; zie vooral mijn studie *Shimmerings of the Rainbow Serpent*, ter perse. Ik vond dit patroon in 1978 terug als patroon in de touwtjesfiguur die Nkoya vrouwen als sacraal geheim doorgaven in hun initiatieriten, waartoe zij mij op hun eigen initiatief toegang verleenden (zij het tegen betaling – zoals gebruikelijk bij de overdracht van sacrale kennis in grote delen van Afrika). Touwtjesfiguren zijn opmerkelijk omdat zij bij vrijwel alle volkeren voorkomen en waarschijnlijk reeds in *Pandora's Vat / Doos* zaten. De specifieke Nkoya / Blombos figuur staat wereldwijd bekend als 'de Jacobsladder' – evenals de bliksem trouwens de verbinding tussen hemel en aarde (*vgl. Genesis* 28: 12).

Vloed

de grot waar wij bloedig zusterlijk
dagenlang liggen tot de kracht van de aarde
ons niet meer te zwaar is of tot de bres
die het kind in ons geslagen heeft weer toe is
wij waren de Zevensterren,[220] de Spinnegaarders[221]
van samenhang en betekenis, de taal was ons
wat zijn de Oerwateren anders
dan het vruchtwater waaruit onze oudste zuster
de aarde baarde?

Het roodokeren gegraveerde blok van Blombos, Zuid-Afrika, ca. 70,000 jaar oud

[220] Het Zevengesternte, de Zeven Zusters of de Pleiaden, in grote delen van de Oude en Nieuwe Wereld als apart sterrenbeeld onderscheiden, en vanouds geassocieerd met de landbouw en met vrouwen.

[221] Een van de transformaties die de opvatting van de scheppingsgodin als Meesteres van de Oerwateren in de loop van duizenden jaren onderging, maakt van haar een minder centrale maagdelijke godin, die de oude deugden van jonge vrouwen (maagdelijkheid, weven / spinnen, en... de wapenhandel!) belichaamde en door wier karakter haar oude suprematie vaak bleef heen schemeren, ondanks het verlies van haar uitdrukkelijke scheppersaard aan recentere, mannelijke goden. De spinnegodin (*vgl.* de Griekse Athena, de Iraanse Anahita, de Westafrikaanse Nzambi en – als verdere, mannelijke transformatie – de goddelijke bedrieger Anansi) is een wijdverbreide, en (gezien parallellen in Noord-Amerika en Oceanië) misschien wel zeer oude, vorm waarin zich deze transformatie voordoet.

Vloed

Vergeten hoe wij ze in leven lieten
om, ons dienend, vlees te brengen (vlees
voor de mond hun jachtbuit
en vlees van henzelf om hieronder
aangemoedigd door ons eigen vocht
de bliksem te helpen ontsteken)[222]
verstrikten de mannen ons in hun jachtnet[223]
trokken een grot over ons van de huiden
die van hun jachtbuit over waren
snoerden onze monden stalen de taal
de fluiten en trommels de grotten de vloed
en graaiden de bessen en granen weg
die wij gelezen hadden in de pels van de aarde

---

[222] In deze passage is (misschien zonder succes) gezocht naar een combinatie van vanzelfsprekende vrijmoedigheid en terughoudende anatomische vaagheid, omdat het uitdrukkelijk met drieletterwoorden benoemen – zoals terloops in het eerste deelgedicht van deze cyclus *Vloed* – van de (traditioneel sacraal geachte) genitalia mij een anachronisme lijkt in de uiterst archaïsche context die dit deelgedicht aangeeft.

[223] *Jachtnet*: prehistorische afbeeldingen, en vergelijkend onderzoek naar jachtmethoden bij hedendaagse jagers en verzamelaars, tonen aan dat zeker vanaf het Late Paleolithicum (vanaf ca. 40.000 jaar geleden) jachtnetten een belangrijk wapen vormden, naast vallen, strikken, speren, werphouten, *bolas* (struikelstenen door een touw verbonden), steekwapens en de pas veel later uitgevonden pijl en boog.

Vloed

Het woord zal niet meer vlees worden[224]
het mannenwoord zal pralen
in loze, scherp opgefokte verhalen[225]
zonder zachte vochtige donkere rafelplooien
de luisteraar zal aan hun droge tepels hangen
smachtend naar melk die niet zal komen
de verhalen zullen als zijzelf druipen van bloed
maar ons bloed zal geminacht worden
uitgestort als dat van een jachtdier
als uit wonden die hun vlees in ons stoot als een speer nu
de fluit die ze ons ontstalen
de trommels wier vel zij scheuren

Wie van ons zusters heeft ze uit handen gegeven
of zijn het huwelijksgeschenken voor haar zoon
en minnaar die, volwassen geworden,
het Land nu ontvangt van het Water?

---

[224] Vgl. het Evangelie van *Johannes*, 1.

[225] Zoals de Duits-Amerikaanse psychiater en cultuurfilosoof Erich Fromm heeft uiteengezet (*The forgotten language: An introduction to the understanding of dreams, fairy tales, and myths*, 1976, New York: Holt, Rinehart & Winston, eerste uitgave 1951, pp. 231 e.v.) zijn de kosmogonieën van het Oude Nabije Oosten (inclusief de *Bijbel*, vgl. *Genesis* 1) gekenmerkt door mannelijke scheppers die hun gemis aan een baarmoeder trachten te compenseren door hun scheppende woord. Dat dit een afrekening is met een eerdere, vrouwelijke dispensatie wordt al gesuggereerd door tal van aanwijzingen (zoals de Oudegyptische godin Neith die vaak verschijnt als superieur aan Ra^c), maar het duidelijkst in de figuur van de Babylonische opper- en zonnegod Marduk, die het vrouwelijke chaosmonster Tiāmat – vgl. Yam, Leviathān, met andere woorden, de Meesters van de Oerwateren – verslaat, maar eerst zijn suprematie moet aantonen door ten overstaan van de verzamelde goden een bij uitstek vrouwelijke productieve daad (het scheppen van een gewaad, een regelrechte uitdaging aan het adres van de uit de Meesteres der Oerwateren afgeleide weef- en spingodinnen) te stellen door louter de kracht van zijn woord.

Vloed

Zij heeft ons geloochend
nu zij geen bloed meer deelt met ons
richt zij zich op met de regenboog
haar rood is gespleten in zoveel kleuren
is de tong van een slang geworden
een slang tot boven de kruinen der bomen
en al omkrult als een golf aan de oever

Zuster kom terug mijd de oever
stop je toe met mos laat geen druppel bloed lekken
hij haat ons om de kracht van ons bloed
die hem zegt 'en waar is *jouw* baarmoeder dan?'
hij hitst haar op (géén overtuigt sterker
dan de zoon die minnaar is)
om ons tot op het land te vervolgen
te verzwelgen met haar vloed
in onze grotten
de tekens uit te wissen
onze mond en schoot dicht te snoeren
tot hij schamper schaars toestemming geeft

Wij spoelen weg
dit is een vloed
die wij niet overleven.

Vloed

5. DE VLOED OPEENS AAN DE LIPPEN[226]

De vloed opeens aan de lippen
onderstroom[227] die meteen onderuit vaagt
wie heeft de papieren schotten gescheurd
als een samoeraai die haast heeft[228]
van wie moesten ze plotseling van papier – aarden dijken
basalt voorhoeders vluchtbergen babeltoren[229] verloren
ik versta niet meer wat je zegt
ik weet niet of ik je ooit verstaan heb
water is het niet eens, er stort kokende was
in mijn oren mijn strot

Dit is zelfs geen omspoelen meer of verdrinken
ik ben immers aan wal in een heel ander land
ik draag het onmiskenbare uniform van volwassen
en uit mijn mond stroomt een panische vloed van logica
met grote helderheid zie ik nu het verraad:
het moedergelaat (de aarde zeker, of is dit de zee)
komt, totale verbondenheid veinzend vervulling belovend
dichterbij om dan zonder uitleg of troost te verdwijnen
of erger nog, om haar mensenetende[230] afkeuring te tonen

---

[226] Meer dan de meeste andere gedichten in dit boek (maar het verschil is slechts gradueel) is dit gedicht een poging tot kritische zelfanalyse om de aard en de wortels bloot te leggen van een verwoestend conflict dat zich bij herhaling voordoet tussen mij en mijn geliefde.

[227] Het beeld is ontleend aan Bonno Thoden van Velzen, 1996, 'The emotional undertow', bijdrage voor een conferentie te Bellagio (Italië) over 'Civilization and its enduring discontents', september 1996.

[228] *Samurai* 侍: traditionele Japanse krijger. *Papieren schotten*: in het klassieke Japanse huis bestaan de wanden uit schuifpanelen van papier.

[229] Vgl. Genesis 11:1-9.

[230] Nauw verwant aan de zondvloedmythen is het thema van de menseneter in wiens hol of

Vloed

In deze vloed ben ik het nog niet ontstane
dat zich over zijn nietzijn doodschaamt
een ouderlijk bezettingsleger
koloniseert de lichaamsopeningen van een peuter[231]
Iokaste konkelt met Sfinx[232] en laat valkuilen graven
om de aandoenlijke minnaar in boxpakje te verschalken
en van achter de bijna gesloten gordijnen
kijkt iets toe dat mokkend moordlustig ik word
en dat alles zou leren behalve vergeten

---

binnenste de vroege mensheid wordt opgesloten, totdat een jonge held (zoon van een maagd...) zichzelf, zijn moeder, en mogelijk de andere mensen bevrijdt. Dit motief verwijst misschien naar de baarmoeder of naar het graf, maar lijkt vooral een diepzinnige reflectie op de staat van niet-zijn (vgl. de volgende regels in dit deelgedicht), waaruit – op een wijze waarin de oude Oerwateren / Land kosmogonie duidelijk doorheen schemert – de held (het denkende ik, zoals uit de laatste twee deelgedichten zal blijken) het Zijnde kosmogonisch bevrijdt zodat de werkelijkheid tot stand komt. Het menseneters thema is wijdverbreid in Noord- en West-Afrika, vgl. Denise Paulme, 1976, *La mère dévorante: Essai sur la morphologie des contes africains*, Parijs: Gallimard.

[231] Het klassieke psychoanalytische leerstuk volgens welke de opvoeding inhoudt het successievelijk installeren, en – op gezag van het door de ouders vertegenwoordigde Superego – beheren, van libido op mond, anus en genitaal; een van mijn eerste gepubliceerde wetenschappelijke artikelen (1967) was een bespreking van de inzichten op dit gebied van de kinderpsychiater Erik Erikson.

[232] In de Griekse sagenwereld was koningin Iokaste de moeder van Oedipus. Deze laatste was ten vondeling gelegd omdat een orakel had aangezegd dat hij rampspoed over zijn ouders zou brengen. Als jonge volwassene doodt Oedipus een hem onbekende mede-weggebruiker, zijn vader; en het oplossen van het raadsel van de Sfinx gaf Oedipus vervolgens het recht met de hem onbekende koningin-weduwe te trouwen: zijn moeder. Freud (1856-1939) noemde een centraal psychoanalytisch complex naar deze sage.

Vloed

Er bestaat hier geen tijd:[233] een halve eeuw later
spartel ik plotseling weer in dit zoutzuurbad
waarin alles wat uitsteekt hoofd, benen, armen, geslacht
al afgebeten en opgelost is, ik een gladde romp[234] van ontreddering
een oerzee van overdracht klotst waar eerst mijn verstand zat
(maar ha ik voel mij een rots van inzicht in trance profeteer ik
aan de koele heldere oevers van verraad)
en dat verraad, dat moet jij zijn
die mijn leven deelt hier en nu

[233] Het psychoanalytisch leerstuk van de tijdloosheid van de neurose.

[234] In vele zondvloedmythen vindt de herbevolking van de wereld na de zondvloed als volgt plaats: een of twee overlevende vloedhelden brengen in eerste instantie (volgens allerlei varianten van al dan niet seksuele voortplanting) *een glad, ongedifferentieerd object voort*, en pas daaruit ontstaan dan kinderen, dieren *etc.* De interpretatie van dit ongedifferentieerde object ligt niet voor de hand. Het is echter duidelijk dat in relatief latere (d.w.z. Laatpaleolithische) kosmogonieën (zoals die van de scheiding van Water en Land, en van Hemel en Aarde) veel oudere dispensaties blijven doorschemeren, en één daarvan was de gedachte dat de hele wereld een plantaardige oorsprong had, aan een boom was gegroeid. Deze kosmogonie zien wij nog terug in het thema van de levensboom, de Boom van de Kennis van Goed en Kwaad in het paradijs, Boeddha's Boom der Verlichting, geboorte uit de boerenkool, de ark in allerlei variaties (kalebas, noot, riet) als een natuurlijk gegroeid planaardig product, en uit de vele plantaardige varianten om na de zondvloed de wereld weer met dierlijk en menselijk leven te herbevolken – het ongedifferentieerde tussenproduct in dit proces is dan ook een vrucht of knol waarin (zonder kennelijke seksualiteit die immers vaak de zondvloed zou hebben opgeroepen) de oude vegetatieve kosmogonie als substraat herleeft, in een context waar deze eigenlijk al is afgelost door de kosmogonie van de scheiding van Water en Land. Merk op dat het idee van de door mensen (bijvoorbeeld Noaḥ, Utnapištim, Ziusudra, Athraḥasis, vloedhelden van het Oude Nabije Oosten) gemaakte Ark zelf een secundaire transformatie lijkt van de natuurlijk als kalebas, noot of riet gegroeide zondvloedtoevlucht, en dat dit beeld dus herhaald of geëchood wordt in het gladde, ongedifferentieerde object dat, ná de zondvloed, een vegetatieve, aseksuele tussenstap in de herbevolking van de aarde vormt; *beide beelden zijn direct schatplichtig aan de oudere kosmogonie die alles aan een boom doet groeien.* Overigens is dit soort thema's hardnekkig: de moderne tijd kent, in Murray Leinsters schitterende *science fiction* novelle *First Contact* (1945; herdrukt in: M. Leinster, *First Contacts: The Essential Murray Leinster*, Framingham MA: New England Science Fiction Association, 1998), het beeld van een buitenaardse wereld die zo door en door vegetatief is (zelfs de ruimteschepen zijn een soort aan bomen gegroeide kalebassen), dat de intelligente bewoners van die wereld alle *dierlijk* weefsel als de grootst mogelijke lekkernij verslinden – wat fataal wordt voor de aardse astronauten die met hen in contact komen, maar zelfs ook voor hun broekriemen en cabinebekleding.

Vloed

Waar is mijn bondgenoot de god die door de spleet in de rietmuur spreekt[235]
de aardduiker die mij uit niets dan een kruimel de vaste grond terugbrengt
de rat die omdat ik zijn leven gered heb
mij beloont met het geheim van de uitweg

Waarom ben ik niet de prairiehond vrolijke bedrieger[236]
die de vloed tergend open- en dichtdraait als een kraan
en na de zaak aangezwengeld vuur en water het verder zelf laat uitvechten

Ach lieve vogel vlieg uit ga aan de hemel hangen[237]
breng al heeft het water je staartveren aangevreten
bericht terug van nieuw zonlicht regenboog een verbond
van rustige rijpe helderheid
waarin ik niet meer offeren hoef
aan de groeipijnen van een kleuter

---

[235] In de Sumerische zondvloedmythe komt de god **Ea** / E n . k i de vloedheld in diens typische uit riet en leem opgetrokken woning waarschuwen voor de naderende zondvloed, en spreekt als tegen de wand, als tegen de riethut. De passage is voor mij van groot belang gebleken, omdat zij – evenals de vermoedelijke sporen van de Oudegyptische koningstitulatuur – bij nader inzien een eroude, en mythische (in plaats van een meer recente, en historische) interpretatie suggereerde van Nkoya overleveringen die ik sinds 1972 in Zambia bestudeer.

[236] In vele Noordamerikaanse zondvloedmythen wordt de hoofdrol gespeeld door Coyote / Prairiewolf, een goddelijke bedrieger (kennelijk verwant aan Reinaerd de Vos) die door zijn volstrekt amorele capriolen zowel de vloed veroorzaakt als eraan ontkomt, en die misschien wel, als immanente chaosgod (niet onvergelijkbaar met Seth, Tiāmat, Yam en Leviathān in het Oude Nabije Oosten), een verzelfstandigde verpersoonlijkende transformatie is van de Oerwateren zelf. De continuïteit tussen de Nieuwe en de Oude Wereld via het Centraal- en Oostaziatische Laat-Paleolithicum lijdt geen twijfel.

[237] Verscheidene Noordamerikaanse vloedmythen hebben het thema van vogels die met hun snavel aan de hemel gaan hangen en zo nog net aan de vloed kunnen ontkomen, maar het water raakt hun staartveren en laat daar witte strepen achter, die nu nog te zien zijn.

Vloed

Lieverd ik weet dat ik zelf een ark moet bouwen
om aan deze vloed vol verdronken lijken te ontkomen
maar wees mijn zusje
bouw haastig met mij
vaar angstig met mij
strand vrolijk met mij
laten we samen de tweelingstoet van dieren uitgeleide
en onder de regenboog
nieuwe mensen maken

Vloed-
bestendiger.

Vloed

6. WIE AAN DE DIJK WOONT

aan de schim van Ida Gerhardt

Wie aan de dijk woont[238]
buurvrouw van ochtendmist die als Poseidon
paarden met golven kruist[239]
landmeteres maatgeefster met dorsvlegel en herdersstaf[240]
gretige lofzangeres van alle dichters uit het boek[241]
(incantaties opdat het boek ook haar zou opnemen
zoals ik nu haar – apotropaeën[242]
om onder bewondering afgunst te verbergen)
zesenzeventigjarige met kleine-meisjesvlechten
met de naam van de godsberg Ida[243] (vloedstoevlucht)
maar loodkleurig van geheimen (gewurgd, opgehangen, en het
                                                              hart doorstoken

---

[238] De woonsituatie van de Nederlandse dichteres Ida Gerhardt (1905-1997), waaraan in vele van haar gedichten wordt gerefereerd.

[239] De Griekse god Poseidon is geassocieerd met (witte) paarden, maar vooral met de zee, en is een mannelijke transformatie van de Meesteres van de Oerwateren.

[240] Oudegyptische motieven: na elke jaarlijkse overstroming (die in Egypte, in plaats van het land te verwoesten, de vruchtbaarheid daarvan alleen maar vernieuwde) moesten de percelen opnieuw worden opgemeten, wat landmeetkunde hier een centrale wetenschap maakte; Ma^{c}at was de Oudegyptische godin van evenwicht en rechtschapenheid; en de farao droeg de twee in de tekst genoemde Neolithische werktuigen als centrale symbolen van het koningschap.

[241] Ida Gerhardt heeft gedichten geschreven op een aanzienlijk aantal Nederlandse dichters, onder wie Leopold, Vasalis, Achterberg en Nijhoff, en beschouwde zichzelf als dichteres. miskend. Aantrekkelijk gezelschap voor mij, die haar trouwens in mijn jeugd nooit gelezen heb.

[242] *Incantaties*: aanroepingen; *apotropaeën*: bezweringsformules; Gerhardt was classica en voerde graag elementen uit haar beroepspraktijk op in haar gedichten. Vgl. hieronder, het Homerus-citaat, en mijn opdracht 'aan de schim...'

[243] Op het eiland Kreta en elders in de Egeïsche wereld dragen relatief hoge bergen die als godenzetels werden beschouwd, en die dikwijls als vloedtoevlucht worden opgevoerd, de naam *Ida*; ik vermoed – vgl. *Kgalagadi / Kalahari* en soortgelijke d / l klankomzettingen – een etymologisch verband met het Afroaziatisch (met name Oudbabylonisch) *ilu* (god, hemel; vgl. Westsemitisch o.m. Hebreeuws *el*), en het proto-Bantoe *godo* (hemel), dat in modern Bantoe vaak eveneens tot *ilu* is omgevormd.

Vloed

drie granen galgenmaal) veenlijk[244] geëindigd
in een Germaans moeras
hotti t'omfalos esti thalassès[245] het stille
oog waar omheen de maalstroom giert

Wie aan de dijk woont
gruwzame kindergeheimen stapelend als blokken[246]
basalt vloedkeringen woorden vlechtend als zinkstukken[247]
wie geduldig, afgewend, de grootste dichteres
van het Nederlands durfde worden
wie in haar ark van woorden waarin haar ark van zwijgen
wie haar kinderen baarde, begroef, opgroef
als steeds weer herschreven gedichten
wie van een liefste sprak als een bochel
wie als het om vogels of kruiden ging
als enige een liedduel op leven en dood met Gezelle[248] kon aangaan
wie in het groen gekaderd lag als een kwelder
door knotwilgen omsloten

---

[244] Uitgestoten en gezien haar (op het verre Egeïsche gebied gerichte) hoofdberoep ontheemd, wordt in dit deelgedicht de classica / dichteres vergeleken met een veenlijk zoals er diverse gevonden zijn in de moerassen van Noord-West-Europa – vaak drievoudig ritueel vermoord na een drievoudig galgenmaal als in de tekst aangegeven. Zoals te zien is aan de beroemde Tollundman in het museum te Aarhus (Denemarken), verandert het veen de huidskleur in donkergrijs.

[245] Homerus, *Odyssee*, I: 50: ὅθι τ' ὀμφαλός ἐστι θαλάσσης, 'waar immers de navel is van de zee'.

[246] Verscheidene gedichten van Gerhardt zinspelen op een dergelijk kindergeheim.

[247] Uit andere landen aangevoerde basaltbrokken, met hun typische zeshoekige kristallijne vorm, en reusachtige uit wilgentenen of industriële materialen geweven matten ('zinkstukken'), zijn vanouds belangrijke middelen van dijkversterking in Nederland.

[248] *Guido Gezelle* (1830-1899): eerste grote moderne dichter van het Nederlands, met vooral natuurgedichten en religieuze gedichten. Het liedduel is een oude vorm om niet met tastbare wapens maar met magische woorden een conflict uit te vechten, bekend uit bijvoorbeeld de *Edda* en uit Eskimoculturen in historische tijd, alsmede van de Nkoya; het herinnert ons er overigens aan dat in taal groter geweld ligt besloten dan in alle materiële wapens van de wereld.

Vloed

Die was vanzelf al een vloedheldin
de scheiding van land en water handhaafde
bij de gratie van haar verbeten karige ordening
met uitsluiting van bijna alle ervaringen de meeste beelden
behalve steeds weer de rivier die anti-Heraklítisch[249]
zichzelf blijft door wordend te veranderen
door een ademgrens langs de tijdsdijk te zijn
Ida in een vloed waarin stenen drijven tot mensen
tot stenen achterwaarts geworpen woorden worden[250]
haar verbeten ordening schrap tegen de vloed

---

[249] *Heraklītus, / Herakleitos*: Voorsocratische filosoof uit de 6e–5e eeuw voor onze jaartelling, legde de nadruk op voortdurende verandering en strijd in de wereld; zijn bekendste overgeleverde uitspraken zijn veelzeggend in de onderhavige vloedcontext: Ποταμοῖς τοῖς αὐτοῖς ἐμβαίνομέν τε καὶ οὐκ ἐμβαίνομεν, εἶμέν τε καὶ οὐκ εἶμεν (49a, [81]), 'Dezelfde rivieren in begeven wij ons en begeven wij ons niet, wij zijn het en wij zijn het niet'; en: πάντα χωρεῖ καὶ οὐδὲν μένει, 'Alles stroomt en niets blijft achter' (Plato, *Cratylus*, 402a). Dit is het grote raadsel van de identiteit: *zichzelf te blijven door wordend te veranderen*. In dit raadsel van *verandering en duur* (een titel van I-Ching-exegeet R. Wilhelm (1931, *Wandlung und Dauer: Die Weisheit des I Ging*, Jena / Dusseldorf / Keulen: Diederichs), tegenstelling en continuïteit, ligt de vraag naar het Zijn en naar God besloten en vindt zij een antwoord, zoals ik thans verken in mijn nieuwe boek *Sangoma Science*.

[250] In vele zondvloedverhalen van Eurazië en de Nieuwe Wereld (onder meer een Griekse versie, van Hesiodus, waarnaar ik al eerder in deze noten verwees: De vloedhelden Deukalion en Pyrrha die de aarde herbevolkten door stenen over hun schouder te gooien); en in het *Bijbelverhaal* – *Genesis 19* – van de verwoesting van Sodom en Gomorra, een vurige zondvloedmythe) treffen wij het verstenen van slachtoffers aan, dan wel het uit stenen herbevolken van de aarde na de vloed. Als de Phoeniciër Kadmos strijders maakt uit weggeworpen stenen, is dat hetzelfde (ws. Pelasgische) motief.

Vloed

Die was vanzelf al een vloedheldin
al brak in al die honderden verzen nooit een dijk door
zij hield voor heel de wereld voorgoed overstromingen tegen
met één vinger in elk gat in de dijk[251]
van het toetsenbord – maar in het spiegelland joeg ze
maanbrede bressen waarin kolkend het land verzwond verdronk ze
in haar nog zo onwennige tranen

Geen vloedgedichten: in het huis
van de visser eet men geen vis.

---

[251] Verwijzing naar de moderne *Amerikaanse* mythe van Hans Brinker. Dit is slechts de later gegeven naam van een romanheld oorspronkelijk genaamd Peter, zoon van de sluiswachter van de Haarlemmermeer; hij ontdekt een gat in de dijk en houdt een hele nacht met zijn vinger de overstroming tegen. Hoewel naderhand in Nederland toegeëigend (met een installatie in het miniatuurmuseum Madurodam, en een standbeeld in Spaarndam) is het verhaal geen Nederlandse vinding maar een (typisch bedacht en geforceerd) product van de trans-Atlantisch overgedragen verbeelding van de Amerikaanse schrijfster Mary Mapes Dodge, uit haar kinderboek *Hans Brinker, or The Silver Skates* (New York, O'Kane, 1865).

Vloed

7. EN IK BEN JOHANNES

En ik ben Johannes[252]
een stijve vis monter rechtop[253] gelijk Jantje[254]

---

[252] *Johannes*: 'door God bemind', naam van twee vooraanstaande figuren uit het *Nieuwe Testament* (Johannes de Doper, en Johannes leerling van Jezus), voorts, wellicht te onderscheiden van laatstgenoemde, de auteur van een Evangelie, wiens graf in de Westturkse stad Ephese wordt gesitueerd en door mij aldaar werd bezocht in 1995. Ik heb een wonderlijke band met deze naam. Het is mijn derde doopnaam, waarschijnlijk ontleend aan een broer van mijn vader (verwarmingsmonteur, zeer laat gehuwd, vroeg gestorven) die verder in mijn leven nauwelijks een rol heeft gespeeld; volgens andere bron (mijn broer) een troostprijs: de naam van de echtgenoot van mijn moeder, van wij zij nog niet lang genoeg gescheiden was om mij dadelijk de naam van mijn biologische vader te mogen geven. Het is ook de naam die ik, ondanks mijn identieke doopnaam, onder druk van de intimiderende aanwezigheid van de bisschop van Haarlem die voor deze gelegenheid naar onze Amsterdamse parochiekerk was gekomen, als tienjarige jongen impulsief en op het laatste moment koos als mijn rituele naam bij het Vormsel (een Rooms-katholiek sacrament ter vergroting van standvastigheid in het geloof) – ik besefte destijds uitdrukkelijk zo in ieder geval beide Johannesen aan mij gebonden te hebben – de stugge woestijnprofeet en de weke jongeling, en ik herken mijzelf in beiden. Waarschijnlijk was ik mij er echter niet van bewust dat beide namen getuigden van een goddelijke liefde, die zich – toepasselijker dan mijn gretige, actieve toeëigening van de naam Johannes ooit had kunnen doen vermoeden – bij nader inzien in mijn eigen leven steeds duidelijker gemanifesteerd heeft, ook al heb ik de specifieke godsopvatting van het Christendom al op mijn vijftiende achter mij gelaten, en zou het tientallen jaren duren voor ik de verschrikkingen van mijn kindertijd voldoende te boven was om opnieuw een godsopvatting te beginnen overwegen – zij het nu de onpersoonlijke, kosmische, en kaleidoscopische. Dit is ook weer een thema uit *Sangoma Science*. En tenslotte is Johannes (zoals ik in mijn boek *Intercultural Encounters* – Berlijn / Munster, LIT, 2003 – uitvoerig heb beschreven) de naam die ik, zonder eigen initiatieven daartoe (ik gebruikte deze derde doopnaam / vormselnaam voordien beslist nooit om mijzelf aan te duiden), bij mijn initiatie tot trance-medium in een heidense Afrikaanse cultus (het Vormsel had dus niets uitgericht?) kreeg toebedeeld door twee cultusleidsters in Botswana – zij meenden dat ik de incarnatie was van hun gestorven broer of neef Johannes.

[253] De Oudmesopotamische en Phoenicische god **Ea** / E n . k i / Dagon wordt afgebeeld als een mens in vissengedaante, rechtopstaand, en met een mand aan de arm, typisch gesitueerd naast een struik die als levensboom wordt opgevat; priesters van deze goden werden ook zo afgebeeld, met een reusachtige vissenhuid over hun hele rug, de visenkop op het hoofd (de gespleten vissenmond zou het uitgangspunt zijn voor de mijter van Mithrasdienst en Christelijke bisschoppen). Velen zien in Dagon een verschijning van de cultuurheld Oannes, wiens naam van Johannes nauwelijks te onderscheiden is. Het amfibisch wezen Oannes wordt beschreven in het boek *Babyloniaca* van de Hellenistische geschiedschrijver Berossus (slechts bekend uit fragmenten bij latere schrijvers). Oannes zou, met soortgelijke gezellen, in de Perzische Golf zijn verschenen aan het begin van de Mesopotamische beschaving (een cultuurfase die wij thans als Sumerisch aanduiden, ca. 3.000 voor onze jaartelling); hij zou de mensen overdag onderwezen hebben om 's nachts weer naar zee terug te keren. Interpretaties van de Oannes-

Vloed

draag ik een mandje aan de arm – de pier[255]
is een til een uitgebouwd platform om mij
visje visje in de zee te spreken van Van Nelle[256]

---

figuur lopen uiteen van buitenaardse wezens (R.F.G. Temple, *The Sirius Mystery*, Londen: Sidgwick & Jackson, 1976) tot de meest westelijke uitlopers van een zeevarende emigratie uit het voormalige vasteland van Indonesië, dat was overstroomd door het smelten van de poolkappen na de laatste ijstijd (S.J. Oppenheimer, 1998, *Eden in the East: The Drowned Continent of Southeast Asia*, Londen: Weidenfeld & Nicholson). Vermoedelijk moeten wij in de Oannes figuur in eerste instantie toch weer een transformatie zien (met de masculiene omslag die typisch is voor de post-Neolithische periode) van de Meesteres der Oerwateren.

[254] Verwijzing naar het bekende kinderliedje 'In Den Haag daar woont een graaf...'

[255] Te Scheveningen, dicht bij Den Haag, en met Kurhaus en pier als voornaamste *fin-de-siècle* attracties.

[256] Het tovervisje of wensvisje is een wijdverbreid mythemotief. Omstreeks de Tweede Wereldoorlog werd het door de Nederlandse koffiebranderij Van Nelle gebruikt voor een reclamecampagne waarin de (ook in andere Van Nelle producties voorkomende) kabouter Piggelmee

Omslag van de oorspronkelijke uitgave van Het Tovervisje

en zijn verwende vrouw de tegenspelers van het visje zijn. 'Visje visje in de zee' zijn de gevleugelde woorden waarmee Piggelmee de tovervis oproept en aanspreekt. De ontroeringen en textualiteiten van mijn vroegste jeugd zijn nauw verbonden met het boek *Piggelmee en het Tovervisje* en zijn minder moralistische tegenhanger *Piggelmee en de Wonderschelp* (dat mij als driejarige met succes opriep om landkaarten te bestuderen, wereldreiziger te worden en mijn hart aan het verre vreemde te verpanden –als dichter over verre landen en tijdperken, als antropoloog / historicus, en als intercultureel filosoof). Er zijn aanwijzingen dat de mythische vis die wensen vervult of mensen redt (zoals de vis Masja – een avatar van Wisjnoe – die de Zuidaziatische eerste mens en vloedheld Mani helpt) ook weer gezien moet worden als een concretisering, verdichting, of omkering van de Meesteres van de Oerwateren en hun Meesteres. Het is opvallend dat de vis in prehistorische rotskunst, en in de vrouwelijke puberteitsrituelen in Zuidelijk-Centraal-Afrika, verschijnt als een voor vrouwen taboe verklaarde verschijning van de Grote Godin – van wie de oudste vorm waarschijnlijk toch ook weer is die van Meesteres van de Oerwateren. Wellicht geldt:

♀ : vis = Moeder van de Oerwateren : Zoon-Minaar = water : land.

Vloed

in het Kurhaus wacht men nog steeds op haar duiven
het koperen dak – O Cyperse,[257]
aaibare avatar
van de Meesteresse der Oerwateren

Een stijve vis die aan land gegaan
en naast een struik balanceert op zijn staart
aan de monding van Eufraat en Tigris
waar leeuw en tijger hun bloedbroederschap[258]
hun bloedbruiloft[259] van massavernietigend verraad[260]

---

[257] *Cyperse*: De Griekse godin Aphrodite, geboren bij het vanouds koper-exporterende eiland Cyprus (dat zijn naam aan het metaal gegeven heeft) uit het schuim van de zee (volgens Hesiodus eigenlijk: uit het gespilde zaad van de door zijn zoon Kronos ontmande vadergod Uranos), als godin van de liefde aaibaar als een Cyperse kat, en onmiskenbaar een transformatie ('avatar') van de Meesteres der Oerwateren. De tortelduif (naar wiens *koeren* het Kurhuis kennelijk genoemd is, evenals het daar aangeboden type heilbad) is een van de dieren toegewijd aan Aphrodite; de witheid van dit dier verraadt al dat onder Aphrodite een primaire scheppingsgodin schuil gaat – zoals ook andere witte vogels (gans, zwaan, eend) en andere witte dieren (de witte paarden van Poseidon!) deze markeren.

[258] *Eufraat* (Grieks: 'goedbroeder'? Leeuw – met effen huid) en *Tigris* (Grieks: 'tijger, panter, luipaard' – met spikkelvel) zijn de Griekse namen van de twee rivieren die aan Mesopotamië ('Tweestromenland') zijn naam gegeven hebben. Mijn verkenningen (vanaf ca. 2000) van luipaardvel-symboliek wereldwijd hebben mij gesuggereerd dat er in het Neolithicum en de Bronstijd in aanzienlijk delen van de Oude Wereld een op binaire tegenstellingen (zon / maan, dag / nacht, effen / gevlekt, man / vrouw, *etc.*) gebaseerd wereldbeeld bestond dat ik 'de kosmologie van leeuw en luipaard' heb genoemd; en waarvan ik vermoed dat het in de naamgeving van de secondaire interpretatie van deze twee riviernamen een rol gespeeld heeft – en trouwens van andere door samenvloeiing verbonden rivieren door heel de Oude Wereld, tot aan Zuidelijk-Centraal-Afrika toe (Chobe en Zambezi).

[259] *Bloedbruiloft*: de laatste tijd weer veel gebruikte term voor een orgie van geweld vooral tussen twee conflicterende partijen; een voorbeeld is het uitroeien van tienduizenden Franse Hugenoten in de Bartholomeüsnacht in 1572 te Parijs, wat leidde tot een internationale diaspora van deze gezindte – mijn puur-Jordanese grootmoeder van vaderskant zou van hen afstammen.

[260] Een verwijzing naar de Irāqoorlog (2003 – 2013) en zijn drogreden namelijk dat het Iraqese staatshoofd Ṣaddam Ḥussayn (in vele opzichten inderdaad een crimineel) over massavernietigingswapens zou beschikken – wat niet kon worden aangetoond.

Vloed

's Nachts keert hij terug bij de andere brulboeien
(heeft hij de mensen geteld? overlegt hij in de sterrenzee
hoeveel en welken ieder er straks mag verzwelgen?
zijn er geheime onderverdelingen naar
kenmerken die alleen hij aan ons zien kan?)
hun pulserend loeien doet ons in onze aangetaste slaap
wankelen alsof verstrikt in een sleepnet

's Ochtends komt hij nat terug of er niets aan de hand is
zet hij zijn lering voort voor de mensen
leert hun pottenbakken en tuinbouw en het
lezen van levers[261] leven van lezers
(wat baat die dronkenmakende kennis
als zij ons straks toch verslinden als Jonas?)[262]

Ik ben de vis waarin zich het water verdicht heeft
Oannes op het land geworpen
dat de zee niet heeft weten te claimen
de stap uit de boom de steppe op
Prometheus vuurdief schoonvader van Pandora

---

[261] De leverschouw was naast astrologie de oudste vorm van waarzegkunst in Mesopotamië, en daarmee de eerste vorm van wetenschap; vergelijkend-historisch onderzoek van waarzegmethoden in de hele Oude Wereld heeft mijn empirische wetenschappelijke werk gedomineerd vanaf 1990.

[262] *Jonas*: De profeet, hoofdpersoon van het gelijknamige *Bijbel*boek, en verslonden en uitgebraakt door een walvis, in een verhaal dat een kennelijke variant van het menseneetsmotief is, maar dat ook laat zien hoe dicht dat motief ligt bij dat van de zondvloedmythe – de walvis (vanouds gelijkgesteld aan Leviathān, de Hebreeuwse verpersoonlijking van de Oerwateren) verslindt Jonas bijna als een falende vloedheld, maar niettemin ontkomt deze door de hulp van God – juist zoals Noaḥ. De voorlaatste regel van deze strofe evoceert de menswording op de steppen van Oost-Afrika, een paar miljoen jaar geleden

Vloed

Ik ben de punt[263] die(n) de ruimte gebaard heeft
aangrijping voor de geest zwe-
vend boven de wateren.[264]

---

[263] Mijn recent onderzoek van luipaardvel-symboliek leidde onder meer tot de conclusie dat over heel de Oude Wereld (en een deel van de Nieuwe Wereld), in taalfamilies zo ver uiteenliggend als Khoi-San, Sino-Tibetaans, Niger-Congo / Bantoe, en Indo-Europees, een web van kennelijk cognate woorden ligt waarmee een spikkel- of spetterpatroon wordt aangeduid. Dit lijkt zozeer op de huidtekening van de luipaard (die tot het Neolithicum een verbreiding had door heel de Oude Wereld), dat ook dat dier met deze ongelooflijk wijdverbreide en constante lexicale stam pleegt te worden aangeduid. Deze stam is al gereconstrueerd voor het zogenaamde *Boreaans, een hypothetische taal die gesproken zou zijn in Centraal- tot Zuid-Oost-Azië ca. 25.000 jaar geleden. Het zijn de filosofen Deleuze en Guattari geweest die mij de sleutel hebben aangereikt tot het begrijpen van deze verbluffende historische continuïteit in het menselijk denken en spreken over spikkels. Impliciet voortbouwend op Descartes' (1596-1650) onderscheid tussen *res extensa* ('wat uitbreiding heeft') en *res cogitans* ('wat denkt'), suggereren zij (bij voorbeeld in hun betoog over *la lisse et le strié*, 'het effene en het gestreepte', in G. Deleuze & F. Guattari, *Mille plateaux: Capitalisme et schizophrénie, I*, Parijs: Minuit, 1980) dat de uitgebreidheid, met het ongedifferentieerde, effen karakter van een sneeuwveld of een leeuwenhuid, de toestand is van de wereld voordat deze door het menselijk subject wordt waargenomen en geproblematiseerd; de punt, de spikkel, de vlek, vormt daarentegen juist de plaats in de werkelijkheid waarop het denken aangrijpt. In feite ligt aan deze opvatting nog steeds hetzelfde model ten grondslag als aan de kosmogonie van de scheiding van Oerwateren (d.w.z. uitgebreidheid) en Land (d.w.z. het uit de uitgebreidheid oprijzende, concrete, specifieke punt waar de geest aangrijpt – die in *Gen.* 1 als los van en boven de wateren wordt gesitueerd! Op een bepaald niveau handelt deze hele gedichtencyclus *Vloed* in feite, optimistisch, over de reddende ordening die de geest uitoefent op de (oer)chaos; het is in deze fundamentele transformatie dat wereld, taal, individu en subject tot stand komen.

[264] *Genesis* 1:2. De daar genoemde oerwateren behelzen het voor-scheppingsstadium waartoe de werkelijkheid door de zondvloed dreigt terug te keren. De slotregels van dit zevende deelgedicht doen een beroep op de mogelijkheid dat er niettemin daarnaast nog een andere, oudere en onverwoestbare werkelijkheid bestaat en / of denkbaar is – *die welke het menselijke, denkende ik voortbrengt maar er ook zelf door voortgebracht wordt*. Dit is de leidende gedachte van *Sangoma Science*. Zo ook het volgende, laatste deelgedicht van deze bundel.

Vloed

8. SACRE DU PRINTEMPS

> componist Igor Stravinsky, dirigent de
> jongensachtige Gustavo Dudamel, Doelen,
> Rotterdam, mei 2007

Godskind demiurg[265] wurgende prairiehond
schaterlachend in een hemelgewelf dat van
schatering bolstaat
verbinding van hemel en aarde

Het orkest overziet als een instrumentenpaneel
dan dit ter hand neemt, bespeelt
als een atoombunker van vleugels en bloemen
op kwantumproeven van rendiertijd[266]

---

[265] Zodra de scheiding van hemel en aarde eenmaal het centrale kosmogonische schema is geworden, treedt in de mythologie het herstel van de verbinding tussen hemel en aarde op de voorgrond. Daartoe bestaan er allerlei materiële mogelijkheden, van bergen tot de regenboog, een touw of brug tussen hemel en aarde *etc*. Men kan de verbinding ook leggen door middel van een offer (waarbij vooral het mensenoffer favoriet is, zie ook verder in dit deelgedicht), ofwel die verbinding als het ware incarneren in hooggeplaatste, door mensen vervulde sociale posities waarmee de hemel op aarde wordt vertegenwoordigd: de sjamaan, de koning, de keizer, de priester. Misschien de allerbelangrijkste vorm van het opnieuw verbinden van hemel en aarde is gelegen in *het kind van god / het kind van de hemel*, en meer in het algemeen: in de mediator die, zonder zelf de hoogste god te zijn, als *demiurg* de verbinding legt tussen schepper en schepping. Overigens is het meest voor de hand liggende lot van demiurg / godskind dat deze, aangekomen op aarde, wordt verstoten en zelfs gedood door de mensen. Van demiurg / godskind Jezus van Nazareth zelf zijn de uitspraken overgeleverd dat een profeet niet geëerd wordt in eigen land (*Lucas* 4: 24; *Mattheüs* 13: 57) en dat de graankorrel moet sterven in de aarde alvorens zij kan opkomen en vrucht dragen (*Johannes* 12: 24). Een voor de hand liggende versie van demiurg / godskind is dan ook de *vegetatiegod*: Osiris, Dumuzi, Adonis, Dionysus, Persephone, Jezus, en diverse godengestalten in Noord- en Midden-Amerika en in Afrika ten zuiden van de Sahara. Vaak echter is de demiurg niet een vegetatiegod maar een (evenzeer typisch met de dood bedreigde) *goddelijke bedrieger*, zoals Coyote en Raaf in Noord-Amerika. De demiurg is een thema in vele zondvloedmythen, vooral die van Noord-Amerika; in een bepaald opzicht kan ook de *Bijbel*se Noah als demiurg gezien worden.

[266] *Kwantum*mechanica werd in de eerste helft van de 20e eeuw opgesteld als de meest fascinerende en omvattende theorie van de materie. Deze maakte een eind aan allerlei vanzelfsprekendheden van ruimte en tijd zoals die verschijnen in de macrowereld van onze zintuiglijke

Vloed

In opdracht buitelend jonglerend koorddansend
van wolk tot wolk werkelijkheid indikt
luchtpaddestoel[267] die ons opwaarts aanzuigt
tot een juichende wenkende geest in een
versplinterende fles:[268] de oerknal

Bliksemend alsof er nog nooit licht is geweest
dit moet dan de verlichting[269] zijn
die Zenmeesters schamper aanduidden met hun koans[270]

---

ervaring. Te noemen zijn onder meer: de erkenning dat meting, metend subject en gemeten object een onontwarbare samenhang vormen van wederzijdse creatie; en de ontdekking van non-localiteit, dat wil zeggen het onmiddellijk en gelijktijdig op elkaar inwerken van alle objectten in het heelal (zonder aan afstand gebonden verzwakking of vertraging, zoals bij de verbreiding van geluids- of lichtgolven, of de invloed van de zwaartekracht). *Rendiertijd* verwijst enerzijds naar een rennend dier, zoals de renkoekoek die in Noord-Amerika naast Prairiewolf en Raaf als goddelijke bedrieger verschijnt; anderzijds naar de prehistorische aard van de opeenvolgende complexen van zondvloedmythen – het Late Paleolithicum in Europa werd in de oudere literatuur vaak als 'de rendiertijd' aangeduid, het rendier was immers de diersoort die voor de mensen toen een belangrijke bron vormde van voedsel en (in het gewei) van materiaal voor gereedschap en kunstwerken.

[267] Reusachtige paddestoelvormige wolk na een kernexplosie.

[268] *Geest in de Fles*: nog een Grimmsprookje (no. 99), een omkeringvariant van de mensenetermythe (niet de mens is opgesloten door of in de demon, maar de demon is opgesloten en tracht zich met hulp van de mens te bevrijden; ook een nevenmotief in Oostaziatische Zondvloedmythen). Ook hier vermoed ik dat in eerste instantie dit de demon is van het nog-niet-zijn, in een voor-scheppingsfase. De *oerknal* is, volgens de inmiddels algemeen aanvaarde kosmologische theorie van de Belgische kanunnik G. Lemaître (1894-1966), het door de moderne wetenschap in details te reconstrueren kosmogonische moment waarin de oorspronkelijk samengebalde bouwstof van het heelal in een eerste explosie uiteenviel en tijd, ruimte, energie en materie voortbracht. Merk op dat hier het model juist gaat van punt naar uitgebreidheid, in plaats van andersom (zoals hiervoor, bij diverse Franse filosofen).

[269] *Verlichting*: (a) datgene wat de natuurkundige eigenschap heeft, elektromagnetische golven in het voor mensen zichtbare gebied uit te zenden; (b) het plotselinge kosmische inzicht (in het Zen-Boeddhisme 悟 *satori* genoemd) dat het eindpunt is van alle geestelijke oefening; en (c) de periode in het Europees denken in de tweede helft van de 18e eeuw, waarin het denken een ongekend hoogtepunt doormaakte, zowel inhoudelijk als in zijn sociaal-culturele erkenning.

[270] *Koan* 公案: meditatieraadsel opgegeven door een Zenmeester.

Vloed

Donderend alsof God vroeg doof geworden van zijn I-pod
in zijn stervensmoment[271] eindelijk echt horen mag
terwijl hij de wereld vermaakt aan zijn vaardiger kind

Er kan niet al eerder een wereld geweest zijn
althans wat er was kan geen naam gehad hebben[272]
vóór deze schepping waarvoor het godskind is uitgestuurd
om hiermee een staalglazen meesterproef[273] af te leggen

Werp ik mij op
zelf het lenteoffer[274] te zijn doorsteek mij
met de vuurstenen messen[275] van koperblazers beuk mij
met paukenarmen van kosmische molens
vouw mij samen tot een tetraëder van leegte
tot een triangel van dadelijk geweld

---

[271] Vgl. Friedrich Nietzsche, *Die Fröhliche Wissenschaft*, in: *Werke*, Bd. II, Karl Schlechta, red., Munchen / Wenen: Hanser, 1973, pp. 7-274, §§ 108, 125 en 343, over de dood van God.

[272] *Naam*: verwijzing naar de naamgevende arbeid van Adam in *Genesis* 2:19; maar vooral naar de tweede regel van het openingsvers van het Taoïstische basiswerk *Dao De Dzjing* 道德經, waarin Adams werk weer even vrolijk als diepzinnig ontkracht wordt, met de woorden 名可名 非常名 *míng kě míng fēi cháng míng* 'naamgeven dat van zaken de verwijzing vastlegt is niet echt naamgeven' (mijn vertaling, naar Roger T. Ames & David L. Hall, *Daodejing: 'Making this life significant': A philosophical translation: Featuring the recently discovered bamboo texts*, New York: Ballantine, 2003).

[273] Een aantrekkelijk idee, uitgewerkt in een science-fiction roman van R.A. Heinlein (*The Unpleasant Profession of Jonathan Hoag*, New York: Berkley, 1959): een veelheid van demiurgen krijgt ieder de opdracht een eigen wereld te scheppen, die vervolgens als examenstuk wordt beoordeeld. Dit idee is mede geïnspireerd door Leibniz, volgens wiens *Essais de Theodicée sur la Bonté de Dieu* (1710) onze wereld de best mogelijke is die God geschapen kon hebben.

[274] Dat is, *le sacre du printemps*.

[275] Tot ca. 5.000 jaar geleden waren alle messen die mensen gebruikten, van steen; dit type mes is op veel plaatsen in de Oude Wereld nog lang gehandhaafd in rituele situaties (bijvoorbeeld voor mensenoffers of besnijdenis), ook nadat voor andere doeleinden metalen messen beschikbaar waren gekomen.

Vloed

Als dit mijn bloed mag zijn dat in de prille stammen omhoogwringt
de eerste bliksem zelfs die moleculen tot leven wekt[276]

Uit de oerwateren vol verwachting
veel eerder nog in hun kracht van fluistergeheimen
veel ouder en hoger nog
dan de vloed.[277]

---

[276] Baanbrekende proeven betreffende het ontstaan van het leven op aarde werden in het begin van de 20e eeuw gedaan door de Russische onderzoeker Alexander Oparin, en een kwart eeuw later herhaald door de Amerikaanse student Stanley Miller: stroomstoten door een gasmengsel van zeer eenvoudige organische verbindingen deden complexere verbindingen ontstaan – ter nabootsing van de hypothetische oeratmosfeer inwerkend op de 'oersoep' van de vroege oceaan. Dezelfde verwijzing komt voor in deelgedicht 1 van deze cyclus, *Vloed*. Inmiddels wordt betwijfeld of het leven zo op aarde heeft kunnen ontstaan, en lijkt er veel te zeggen voor de panspermie-theorie zoals die vanaf het begin van de 20^e eeuw is naar voren gebracht door Arrhenius, Hoyle en andere vooraanstaande wetenschappers: het aardse leven zou via koudebestendige kiemsporen vanuit de ruimte zijn gekomen. En leven zou dan ook eerder de norm dan de uitzondering zijn in het heelal.

[277] Ook deze strofe verwijst vooral naar *Dao De Dzjing*.

VROEG (1962–1979)

Vroeg

In de eerste tientallen jaren na hun ontstaan overwoog ik, nog ongehinderd door zelfs maar rudimentaire bescheidenheid, voor mijn vroegste gedichten de titel Vers de Collège *te gebruiken, waaronder, een halve eeuw na zijn dood, de eerste gedichten van de grote Franse dichter Arthur Rimbaud werden gepubliceerd (Parijs, Mercure de France, 1932). Wat echter uiteindelijk in deze sectie is opgenomen, zijn inmiddels mijn winkeldochters – de beste vroege gedichten hebben immers al hun weg gevonden naar mijn eerdere bundels. Een deel verscheen in het schoolblad van mijn middelbare school, maar deze (voor een volwassen dichter immers beschamende!) publicatie is hier niet systematisch aangegeven. Ik betwijfel sterk of ik überhaupt de teksten van dit boek, en vooral van deze sectie, nog wel door publicatie moet veiligstellen. Maar als strategie om er voorgoed mee af te rekenen, lijkt dat toch beter dan gewoon weggooien, zoals ik al met de meeste teksten uit mijn jeugd heb gedaan, om vervolgens levenslang gekweld te blijven door in mijn hoofd opdoemende flarden eigen tekst die ik niet meer kan thuisbrengen maar die mij te geslaagd lijken om van mijzelf te kunnen zijn.*

VROEG[278]

Het donker trekt zich voorlopig terug
in bioskopen en kerken.
angstig wringt zich de morgen
met krijtvingers boven de huizen uit.

Met dromen als serpentines achter mij aan
en begoten met confetti van sterren
moet ik vannacht over de stad gehold zijn,

Schaterlachend om dagen met kwade gezichten
en in het voorbijgaan aan-
wijzingen gevend tot hun terechtstelling.

Maar nu sta ik leeg aan het verblekende raam.
mijn bloed stroomt nog slechts op de tast.
ik reik niet verder meer dan mijn handen.

---

[278] Een iets afwijkende versie verscheen (onder pseudoniem Harmen Rietveen) in: A. den Besten, P. de Baan, A. Rot, P.H. Dubois, M. van der Plas, E. de Clerq Zubli, & B. Schadee, red., zonder jaartal [1964], *Een 10 voor de 10-ers: Een keuze uit wat er in het cursusjaar 1962-1963 is verschenen in de Nederlandse Schoolpers*, Den Haag / Rotterdam: Nijgh & van Ditmar, p. 107.

Vroeg

GEDICHT

Volgens de mensen hier
ben ik gek
maar jij weet toch
hoe vaak als wondergrote
gele orchideeën
de gedachten ruiken
in mijn hoofd?

En nu mijn handen even
niet trillen, kan ik
eindelijk schrijven:

Dat de wind van mijn
droefheid hun stelen
heen en weer beweegt;

Dat binnenkort die wind
ze breken zal.

Maar o, deze warmte
(van de hand die mij
heeft neergeslagen
en van de adem
die mij verstikt heeft)
nooit meer te voelen.

Vroeg

WOORD[279]

voor Hugo[280]

...En die altijd meenden dat het woord
het gave meisjeslichaam was
dat hun zou worden uitgehuwelijkt.

Het woord is de morsige kolenbrander
in het dichte bos van woorden;
de schaterende ongrijpbare schaduw
het woord is een grimmig sprookje.

Maar dichters blijven hun handen reinigen aan papier
en ademen op dicteersnelheid
want toch ieder gedicht
draagt een raadselachtig zachte glimlach.

---

[279] Een iets afwijkende versie verscheen (onder pseudoniem Harmen Rietveen) in: A. den Besten, P. de Baan, A. Rot, P.H. Dubois, M. van der Plas, E. de Clerq Zubli, & B. Schadee, red., zonder jaartal [1964], *Een 10 voor de 10-ers: Een keuze uit wat er in het cursusjaar 1962-1963 is verschenen in de Nederlandse Schoolpers*, Den Haag / Rotterdam: Nijgh & van Ditmar, p. 106.

[280] In verscheidene van mijn recente literaire publicaties, het uitvoerigst in '*...Als je negers op een afstand ziet...*' en *Een lekker sodemietertje* komt mijn intense jeugdvriendschap (1961-1965) met de latere literatuurwetenschapper Hugo Verdaasdonk (1945-2007) aan de orde. Tientallen jaren later stuurde hij mij een dozijn van mijn vroege gedichten, door hem bewaard maar door mijzelf allang weggegooid. Een selectie daarvan is in deze sectie opgenomen.

Vroeg

AVOND[281]

Vanavond wil ik wandelend de stad strelen
en warm dromen langs haar huid
terwijl wij samen glimlachen om de dag
vanavond wil ik stralende huizen de hand drukken

Maar de mist zet een zilveren domper om mijn hoofd
waarbinnen de witte vlam uit mijn mond
oplost en dooft
als mieren over het lichaam van een lieve dode ontvreemdt
verweerde sneeuw de straten

Weer blijft mijn uitgestoken hand ongegrepen
hij zwaait belachelijk in het niets heen en weer
als een slappe spiraalveer

De stad en de avond gedag.

---

[281] Terwijl ik al meer dan een jaar in de verlammende greep was van een obsessionele verliefdheid op mijn tegenspeelster in onze bijrollen in een schooltoneeluitvoering van Gogolj's *De Revisor* aan het St Nicolaaslyceum te Amsterdam, woonde ik ook de toneeluitvoeringen van andere scholen in Amsterdam-Zuid bij. Na één zo'n voorstelling, in het late najaar van 1962, bijna zestien jaar oud, sprak ik voor het eerst in mijn leven op goed geluk een mij onbekende scholiere aan, en dat werd enige weken lang een gezellige, in al zijn kuisheid bevrijdende vriendschap met de harpspelende dochter van een groothandelaar in handschoenen. Het gezin bleek bevriend met de Zuidafrikaanse dichteres Elisabeth Eybers, en was stomverbaasd dat de naam van de violist Yehudi Menuhin mij (toen) nauwelijks iets zei. De Nederlandse samenleving was nog zo verzuild dat, voordat ik anderhalf jaar later ging studeren, ik – buiten de aan het concentratiekamp ontkomen Joodse kleine ondernemers rond het confectiebedrijf van mijn moeder – mij niet bewust was van enig direct contact met andere milieus en andere geloven dan het hybriede Rooms-katholieke laagste middenstandsmilieu / arbeidersmilieu waaruit ik was voortgekomen en dat ook de doelgroep vormde van mijn middelbare school. Niettemin vormden Joden voor mijn moeder, en impliciet voor ons hele gezin, een zeer belangrijke referentiegroep (zoals ik heb uiteengezet in *Een lekker sodemietertje*), en het zal geen toeval zijn geweest dat mijn eerste vriendinnen gedeeltelijk uit die groep voortkwamen. De mogelijkheid om een dubbelnummer van ons schoolblad te maken samen met het Joods Lyceum Maimonides werd door de 'Pater Moderator' van ons schoolblad met afgrijzen afgedaan. Voor V. schreef ik dit gedicht, dat ook door haar moeder overdreven bewonderd werd.

Vroeg

BEETHOVEN[282]

Muziek weekt voorzichtig de korst van de muur
en kleur het licht inwendig
de kamer wordt een mooi lichaam dat wegdanst

Op het afrollend tapijt met diepzeemotieven
openen zich klanken als moederarmen
en al weer wegzwemmend sluiten zij zich om
herinnering

De vloer golft door tot voorbij de aarde
aan een horizon gaat verdriet
vergeten onder als een winterzon.

---

[282] In aanvulling op de populaire 'lichte muziek' van de *Arbeidsvitaminen* die via de draadomroep elke dag door het confectie-atelier in onze voorkamer schalde, was de enige klassieke muziek die in mijn ouderlijk gezin klonk *belcanto*, vooral in de wekelijkse, ook via de draadomroep ontvangen, uitzendingen op de Belgische Radio van Etienne van Neste – maar ook in de vorm van flarden *impromptu* vertolking door mijn vader, die als Jordanese jongeman veelvuldig was opgetreden in informele situaties. Mijn jongste zuster begon op haar 15e als aankomend facturiste te werken bij de toen nog Nederlandse luchtvaartmaatschappij KLM, en kocht al spoedig een koffergrammofoon, die zij nog steeds bezit. Hierop hoorde ik voor het eerst bewust symfonieën en sonates van Beethoven, en ik was voor het leven toegekocht.

Vroeg

ZOMER 1963

voor E.[283]

Vanmiddag ligt de lucht op zijn buik op de stad
in nauwe straten staat wit licht en hitte
hol tegen de huizen op

Stilte zeeft de stad; de mensen zijn vertrokken
aan de kleine ansichtzee liggen zij tevreden
opgesloten onder dikke glazen stolpen van zon

Oude verlangens en herinnering drogen door de hitte in
liepen wij samen door deze straten als een feestoptocht?
waar hebben we op het plein gestaan als op een verhevenheid
minzaam lachend tegen de nacht de langskwam?

---

[283] De vriendschap met V. verbleekte al heel spoedig vanwege het feit dat ik muzikaal een onbeschreven blad was, en vanwege mijn onervarenheid, nog, in de omgang met andere milieus en andere godsdiensten – ik moest antropoloog worden om dit tekort te overwinnen. E., daarentegen, voerde evenals ik de hoofdredactie van een schoolblad, haar naar milieu en godsdienst volstrekt overeenkomende middelbare school was aanpalend aan de mijne – met deelgebruik van dezelfde kapel. We beleefden vanaf de winter 1962-63 enige maanden van grote vriendschap. Op mijn 16e verjaardag was ik na een heftig conflict met mijn leraar geschiedenis (zijn lessen beperkten zich tot het voorlezen van dictaat uit zijn schrift) de school ontvlucht naar het stadsdeel waar E. woonde; innig verstrengeld liepen we over de winterse straat terwijl een vrachtwagenchauffeur ons door zijn open raampje toeriep 'Weet je moeder dat wel?' E. liet mij kennismaken met Max Schuchards bekroonde vertaling van Tolkiens hoofdwerk *Lord of the Rings* (Londen, Allen & Unwin, 1954), en met zoveel van haar verdere schatten aan intelligentie, kennis, tact, lichamelijkheid, verlangen en humor, dat mij de grond spoedig te heet onder de voeten werd en ik de relatie voortijdig verbrak – hoewel ik meende haar voor mijn pijnlijke vertrek te kunnen troosten door mijn wekelijkse bezoeken voort te zetten. Dat was de situatie waarin dit gedicht geschreven werd. Drie jaar later mocht ik een paar weken bij haar terugkomen, en claimde zij mij alsnog, vanuit haar inmiddels al weer veel grotere rijpheid. En opnieuw bleek ik niet opgewassen tegen de uitdaging van een ironische, gelijkgestemde leeftijdgenoot, en gaf ik onze nieuwe relatie voetstoots op voor een met de tien jaar oudere natuurkundige H., bij wie ik materieel, wetenschappelijk en emotioneel voor de komende zestien jaar een liefdevol en veilig onderdak vond en die binnen vijf jaar de moeder van mijn oudste dochter zou worden.

Vroeg

VOOR ALLEMAAL[284]

Natuurlijk ik zou best wel weer
willen leven als soms de stad
op een zomeravond. Als de zon
in de mond van minnaars wil
ik weer zeggen 'ik houd van je'.

Trouwens ik kan wel aan de gang
blijven met treuren. Want hoelang
duurt dat nu onderhand al? Ik
had wel al dood kunnen zijn.
Tenslotte gebeuren er erger dingen,
sla er de krant maar op na.

Goed, voel dan, ik streel je
hele lichaam en ik probeer erg
lief voor je te zijn. Hoor maar,
ik zeg 'ik houd van je'.

Maar luister maar niet te goed;
stop je oren maar dicht met de
nacht. Want anders hoor je me
zeggen 'jij bent het niet waarom
is zij het niet ik heb toch van
haar gehouden ik wil van niemand
anders meer houden ik heb al
rotzooi genoeg aan mijn hoofd
ga jij eigenlijk maar weer weg.'

---

[284] Hans Lodeizen, mij voorgelezen door mijn vriend Hugo, en met korting gekocht bij de huisvriend van diens ouders, de uitgever Geert van Oorschot, bleef de tirannieke afgod van mijn beginnend dichterschap, ook in de zin dat mijn inzendingen vanwege een te hoog Lodeizen-gehalte geweigerd bleven – kennelijk terecht, zoals deze sectie laat zien.

Vroeg

Nee, kom maar, blijf heel dicht
bij me. Geloof het maar als ik
zeg 'kijk, je laat me huilen van
geluk'. Ja, asjeblieft, luister.
Blijf altijd zo bij me. Ik zal
heel erg lief voor je zijn.

Vroeg

'KOM, ER IS TOCH GEEN REDEN OM BANG TE ZIJN?'

'Kom, er is toch geen
reden om bang te zijn?
De dag is weer weggegaan;
de zon is allang onder
en nu heeft de straat
lichtjes in zijn ogen.
Als je in de huizen
zou kunnen zien zag je
dat iedereen glimlacht.

Hoor je wel, de wind
doet al mompelend zijn
ronde; hij is de nacht-
waker en de maan is
zijn zaklantaarn die hij
alleen maar voor alle
zekerheid aandoet,
tegen zo iemand durven
de dieven toch zeker
niet op ? En anders ben
ik er toch en dan kan
er toch niets gebeuren?

Luister: aan alle deuren
heeft de wind gevoeld
en nu alles veilig is
lacht hij. Zie je nu
wel dat er niets is om
bang voor te zijn?'

Vroeg

BLIJF STAAN, HOEWEL DIE NACHT U LOKT – DYLAN THOMAS[285]

Bleef staan, hoewel die nacht u lokt;
oud zijn: toorts van toorn tegen het duister
vecht ziedend tegen het sterven van het licht

Al weten in 't eind wijzen: 't donker is goed
omdat in hun woorden geen weerlicht zich splitste
zij blijven staan, hoewel die nacht hen lokt

Goeden, de golven voorbij, bekreunen de luister
van tere daden dansend aan een groene baai
vechten ziedend tegen het sterven van het licht

Woesten die vingen de zonnevlucht zingend
begrepen te laat dat zijn manken hun schuld is
en blijven staan, hoewel die nacht hen lokt

Somberen, de dood nabij, zien met brekende ogen
het bleke vuur opvlammen als een wensster
vechten ziedend tegen het sterven van het licht

En gij, mijn vader, op die droeve hoogte daar
doop of verdoem mij met uw hete tranen
blijf staan, hoewel die nacht u lokt
vecht ziedend tegen het sterven van het licht.

---

[285] '*Do not go gentle into that good night...*'; uit: Dylan Thomas, *Collected Poems 1934-1952*, Dent & Sons, Londen, 1972. De Engelse versie werd mij voorgelegd in een vertaalwedstrijd. '*het bleke vuur*' verwijst naar mijn levenslange, toen al begonnen maar nog steeds onvoltooide studie van de complexe oefening in intertekstualiteit waaruit Nabokovs *Pale Fire* bestaat.

Vroeg

ROERLOOS (SONNET)

Nu zij allemaal nog zo jong zijn
en zij zonder moeite kruiken vol hoop
ronddragen op hun hoofd;
door een rustige draaideur van zekerheid
in- en uitlopen bij het geluk.
Terwijl hij

Geen tekenen meer van leven geeft.
Nog steeds gebeuren dezelfde dingen,
maar hij kan niet eens meer huilen,
alleen nog voelen hoe langzaamaan
het bloed in zijn lichaam stolt tot een vreemd
vertakt skelet van droefheid.

Een oude boom die als er wind is
die dan zijn takken maar laat bewegen
een verdwaalde vogel rakend, of niet;

Ziek onder het warme zonlicht –
ongemakkelijk als de nacht komt opzetten;
zich vaag bewust van de dood.

Vroeg

ONTBIJT – JACQUES PRÉVERT[286]

Hij heeft koffie
in het kopje gedaan
hij heeft melk
in de kop koffie gedaan
hij heeft suiker
in de koffie gedaan
met het lepeltje
heeft hij geroerd
hij heeft de koffie
opgedronken
en het kopje neergezet
zonder tegen me te spreken
hij heeft een sigaret
opgestoken
hij heeft kringetjes gemaakt
met de rook
hij heeft de as
in de asbak getikt
zonder tegen me te spreken
zonder me aan te zien
hij is opgestaan
hij heeft zijn hoed
op zijn hoofd gezet
hij heeft zijn regenjas
aangedaan
omdat het regende

---

[286] Uit Jacques Prévert, *Paroles*, Parijs, Gallimard, 1946; vertaling voorjaar 1963.

Vroeg

en hij is weggegaan
in de regen
zonder één woord
zonder me aan te zien
en ik –
ik heb mijn hoofd
in mijn handen gelegd
en ik heb gehuild.

Vroeg

KENTERING

Ik verbreek de stilte
als het zegel op mijn verdriet
en verbrand de vrijbrieven
die zich binnenin bevinden.
Ik verbrand
het recht om te huilen.

Maar ik laat de aarde
bol staan van woorden.
De taal zal ik laten tintelen
als kinderen in de winter
(en weet dat dat dan niet
komt van de koude,
maar het warme lichaam dat
ín rent tegen de wind).

Ik heb in alle huizen gewoond;
ik heb tegen iedereen
moeten glimlachen en overal
ben ik weer weggegaan.
Maar van nu af aan zal ik
de luchten ombouwen tot kastelen;
en daarin zal ik resideren,
als een fanatische priesterkoning,
terend op de rauwkost
der eenzaamheid, mijn woorden
uitzendend als wuivende
stoeten ridders te paard.

Vroeg

En pas als het laatste leger
zal zijn vertrokken en er
nog slechts vege tekenen der
waardigheid zullen overblijven, –
pas dan zullen mijn bouwwerken
zich binnenste buiten keren
en verdwijnen zoals een vlam.

Vroeg

PUBERTEIT[287]

voor Hugo

Als ik alle spiegels beplak
met viriele foto's van filmsterren
zal ik misschien niet meer vragen
'wie ben ik'
en zal de dag weer tegen me lachen
als tegen al die anderen
misschien dat ik nog wel heel jong ben
en ik gewoon nog leren moet
mijn ogen te sluiten voor de nacht

Maar moet ik dan van alles afstand doen
als een schip dat zonder om te zien
wegvaart van de kust?
En dan maar verder niets zeggen,
wachten op geluk als een kind op zijn moeder,
als voor een verjaardag de dagen aftellen
en weer vaak 's avonds gaan wandelen door de stad?

Nee het zal allemaal erg weinig helpen
nu ook de stad alsmaar kouder wordt
en de lucht als een grote stolp
steeds lager zakt over de daken
nu elke kalender nog een gedenktafel is.

---

[287] In gewijzigde vorm verschenen in het tijdschrift *Jongedichterskring*, 1963.

Vroeg

Durfde ik mijn verdriet maar weg te sturen,
of als een ziekte te genezen
maar als ook dat weg zou gaan
is er helemaal niets meer over
en hoe moet ik dan leven?

Vroeg

DIAGNOSE

En wat gebeurt binnen.
Gas en water
Stromen in hun leidingen terug.
Geluiden aarzelen. De gezichten
Kruipen dieper weg in de muur.
Onaantoonbaar dringen de ramen
Op om het lamplicht.

Vroeg

ZONSOPGANG[288]

De onrust kerft
het gesloten godsooglid
tot koffieboon, kauri.
Dauw (angstzweet) breekt
deze slapende negers uit.

Ruige nachthagen dringen samen.
Tonen de nadering. Zwichten.

Het meer gaat staan. En kleur,
vulkanen slaand aan de heuvelrand.
Adem. Vogels scheuren
de kurken schotten open.

---

[288] Een sterk afwijkende variant is opgenomen in de bundel *Leeftocht*. Dit gedicht werd geschreven in een tijd dat ik nog geen Afrikanist was en niet, zoals later gedurende het grootste deel van mijn volwassen leven, dagelijks met Afrikanen intensief zou omgaan en mij sommige van hun talen en en culturen zou eigen maken; destijds zag ik er kennelijk geen been in om de nacht aan te duiden met het beeld van 'slapende negers' – een woordkeus die thans bevreemdt.

Vroeg

ZWANGER

Boven de bergtop van haar buik
breit zij. De zwaardere handen
vormen een nestelend adelaarspaar.
Een gestrande
avondwolk zwelt in het roze pand.

Kabouterhouwelen binnen in haar
tikken met de naalden mee.
Nog slaapt de reus, maar komt
zijn tunnel ooit klaar?

Rode vlinders, uit haar ogen aangevlogen,
paren met witte bloemen van de jurk.
Als zij opschrikt vlucht het roze kind terug.

De schemering komt, en stille meeuwen
drijven uit het schoorsteenmarmer.
Het beeld van een paard in volle zee
legt verleden of toekomst bloot.

Vroeg

HUWELIJK

Schoon overhemd dat het raam bedekt, gezien
vanuit de kamer. Schaduwloos spook
van winterwolken; duisterend; stralender.
Dit zijn lichten die haar zon ontlopen.
Over het diep, eens bevend betast reliëf
(het raam, met daarop liefdes zomerstad)
opeens een gipslaag.

                Die barst, als hij, de man,
blind na de grotten van het ondergoed,
reikend naar voren loopt, zich huiverend hult
in dit wit lamskleed –
                melk, waar zij hem in doopt.

Vroeg

DREIGING

Hopelijk zijn wij thuis tegen dat het gebeurt
Anders raak ik je nog kwijt in de paniek
en vind je niet meer terug, of erger

We moeten eigenlijk nog iets afspreken, *bijv.*
als er iets gebeurt, en we zijn niet samen
dan iedere dinsdag om zes uur 's avonds
op de Magere Brug,[289] en als daar schildwachten komen,
dan ergens anders *bijv.*

---

[289] Bewaard gebleven oude houten brug over de Amstel in Amsterdam, in het gezicht hiervan woonde ik enige jaren bij H., die mijn eerste vrouw zou worden.

Vroeg

VOOR JOU TOEN JE DOODZIEK WAS[290]

1.

Dit is om je beter te maken
niets dan verkookte waterlelieplanten
tegen de ochtend uitgedrukt op je vel
door zoveel doodmoeie halve vreemden
een soep-ritueel. Of spuug van een vieze
priesteres in je mond in gespuugd
voor de god van milletbier en *Bitoema*.
Niet relevanter, niet duidelijker, niet perfekter
dan een aai, een kus, en automatisch
schootje passen in halfslaap 's nachts.
Een geheimtaal, niet bij de gratie
van vormspinsels, wachtwoorden
maar van samen hetzelfde doolhof bewonen
van dingen en mensen, werk, ons kind.
Dit is nog niet naar bed gaan, en praten
en zwijgen, onze boot waar de nacht aan klotst.

---

[290] Vijf jaar na het begin van onze relatie vertrokken H. en ik naar het Afrikaanse land Zambia, waar ik na mijn afstuderen mijn eerste baan had gevonden, docent sociologie aan de enige universiteit. Voor vertrek had een van mijn hoogleraren mij voorgesteld dat ik na terugkeer zou promoveren op het zeer uitvoerig en diepgaand gerapporteerde onderzoek naar verwantschap en volks-Islam dat ik als doctoraalstudent had verricht in het bergland van Noord-West-Tunesië. Toen hij, na anderhalf jaar Zambia, op dit voorstel terugkrabbelde, leek er niets anders op te zitten dan mijn verblijf in dat land alsnog te gebruiken om voor een ander proefschrift het vereiste veldwerk te verrichten. Naast allerlei oppervlakkige projecten onder de stedelijke bevolking, had ik mij al laten invangen door in de stad gevestigde leden van de etnische groep der Nkoya, wier genezingsculten (onder meer *Bituma* – de eerste zeven regels van dit gedicht beschrijven twee *Bituma*-rituelen – een van de voornaamste inspiraties tot mijn proefschrift *Religious Change in Zambia* (Londen, Kegan Paul International, 1981), meisjesinitiatie en koningschap mij bijzonder boeiden; en na voltooiing van mijn contract bij de universiteit bleven wij nog bijna een jaar in Zambia om op eigen kosten het reeds begonnen veldwerk onder de Nkoya uit te breiden, en af te maken. H. had zich als natuurkundige zeer nuttig kunnen maken bij de universiteit, maar het veldwerk op het platteland, waar we ook nog dagelijks kliniek hielden, was een zeer zware opgave voor haar, zij werd doodziek, was wekenlang blind, en wij ontvluchtten het dorp naar de hoofdstad, waar in vertwijfeling over haar ziekte dit gedicht werd geschreven – vrijwel mijn enige uit Zambia.

Vroeg

2.

Misschien dat ik wel heel veel van je hou
Er is geen poëtische manier om dat te zeggen,
of die wil ik niet gaan meer. Niet langer
schrijf ik aan de sterren, hopend
dat het hooggeëerd publiek, betoverd
meekijkt over mijn schouder –
maar de tekst bedekkend als jij langsloopt.

Vroeg

3.

☞ beslist laatste voorstelling ☜

CIRCUS "WIM"
ARCHETYPEN EN ANDERE MONSTERS
Na jaren getemd met blote handen

ঔ

dan:
**TRAPEZEWERK
VAN
ALLITERATIES**

ঔ

gevolgd door:
HOOGSTANDJES IN DE HOGESCHOOL
(der poëzie)

☞ met als uitsmijter ☜

**HET
SPRAAKWATERBALLET**

ঔ

Vroeg

4.

Snel. Een sprong door de hoepel van papier.
De tent maakt een koprol wordt een
vlakte van nachtelijke ruimte;
en ik die wegren maar struikel:

Vroeg

5.

Een gedicht.
Een kiezel straks in de dood ontsloten?
Een laatste? Eén van een spoor?
Een kruimel aan de dood ontstolen?
Lieverd, asjeblieft, kom erdoor.

Vroeg

OUDER GEWORDEN

'Schrijf eens iets moois en eenvoudigs'
Geen groter afgang misschien
dan te moeten erkennen
hoe alles eindelijk in het slot valt.
De camera geeft (na jaren)
gewoon het beeld dat je wilde.
Nu je niet langer bang bent ratelt
je schrijfmachine als een regeldrukker.[291]
De vreemde lege steden doen je
verlangen naar je vrouw en je dochter;
en het voelt niet meer als leeg in de hartkuil
meer als een kracht-bevestigende, anticiperende
spierpijn in je mond en je bovenarmen
en je komt gewoon thuis en je vindt ze.
Na afschuwelijk pijnlijke riten blijken
je geboren verwanten en de verre donkere mensen
gewoon je verwanten, met wie je verder
leeft zonder tragedies.
De definitieve gedichten die
je verrukt bij elkaar droomt
laat je 's morgens verkruimelen in de muesli.
Je hoeft niet eens meer een pen te grijpen.
De kamer deklameert met heldere stem
een dag van een later jaar.

---

[291] Tot in de vroege jaren 1970, vóór het in zwang raken van de microcomputer, toen digitale technieken zich nog beperkten tot reusachtige en onbetaalbare *mainframes*, was het printen van computer-*output* gecentraliseerd op zogenaamde regeldrukkers, die (vanaf 80 naast elkaar geplaatste, digitaal aan te sturen metalen schijven waarvan de omtrek met reliëfletters was bezet) inderdaad 80 letters naast elkaar in één regel konden afdrukken.

TROEBEL

Troebel

Ook van deze sectie ben ik bij nader inzien lang niet zeker. Mijn meeste en waarschijnlijk beste gedichten – voor wat ze dan nog helemaal waard zijn – zijn ontstaan in de leegte van wekenlang niet met andere tekstuele taken (zoals academische kennisproduktie of redigeren) bezigzijn. Andere ontstonden echter in het heetst van een persoonlijke of relationele crisis, en trachtten dan onder grote druk – en tegen beter weten in – o p   p a p i e r *te bezweren wat in de werkelijkheid ondraaglijk was. Om begrijpelijke redenen (de meest controversiële, minst geslaagde teksten blijven het langst liggen vóór publicatie) bevat deze bundel nogal wat exemplaren van deze laatste categorie. Zijn het interessante* d o c u m e n t s   h u m a i n s, *ook al is duidelijk dat de spanningen waaronder zij ontstaan zijn, het creatieve proces hebben geschaad? Of zijn zij in hun naakte weerloosheid ongenietbaar? Of kunnen zij beter vernietigd worden omdat zij verwijzen naar strevingen en conflicten die binnen mijn huidige leven godzijdank geen plaats meer hebben? Een volgende ronde van proeflezen en consultatie zal het misschien uitwijzen.*

Troebel

PANGOLIN

Er loopt een lichtende streep door mijn ziel
als een verre allereerste
dageraad

Ik begrijp nu waarom de vogels gaan zingen
al is het nog donker nu, op die ene streep na
aan de horizon

Ik heb je gezien vandaag
ik opende de kamer als een grote peul
en daar, als twee tuinbonen in hun fluwelen zaadlijst
als twee kikkers op een plompeblad
jij en je kamergenoot jullie tweeën
bewegingloos sprakeloos
schrok je dat ik zo vroeg was?
of was het het pak dat ik aanhad?
hadden we dan geen afspraak voor een bespreking?

En stil liet ik de peul weer dichtspringen
alsof een boom zich pijlsnel weer terug-
trok in het zaadje waaruit

Twijfel achterlatend of hij er
ooit geweest was

Troebel

Maar er loopt een lichtende streep door mijn ziel
als een verre eerste dageraad
ik heb je gezien vandaag
over de streep aan de horizon wentelt zich
als Saturnus, nacht-echo van de zon[292]
de verhoornde miereneter, haar scherpe
grootmoederschubben vallen van mijn
luipaardvlekken mijn ogen

Ik heb je gezien vandaag
en weet niet wat
ik met je moet.

---

[292] Zo verschijnt de planeet / god Saturnus in het oude astrologische wereldbeeld: als omgekeerde van de zon, nachtzon, beeld van uitdroging en verschraling.

Troebel

VOOR TRECY

Terloops dwalend langs je schoot
littekenweefsel vergt elk leven
het eelt op mijn ogen
verhult hoe mooi je bent

Maar mijn hand op je kleine borst
zoekt waar onze kinderen gedronken
en ik jouw jeugd

Alleen je stem liet ik over
liefste, zing voor mij mee.

TROOST

Troost mij niet met tederheden
alsof die het waren waarom
ik zo moest huilen

Jij bent het leven, stroom dan
en geef, zodat je kunt ontvangen:
je grootste stroom, je grootste gift
blijft kennelijk toch steeds sterker nog
op mij gericht

De troost die ik aan jou ontleen
is dat ik steeds vaker durf ontwaken
uit mijn Inca-hart uitrukkende droom
van baby wiens moeder wiens wereld
eindelijk buiten hemzelf blijkt
wiens 'wij' in rafelvliezen stuk en toch
geen woorden nog voor 'ik' en 'jij'

Kan wakker worden en dan door tranen heen
de vruchten van jouw halve leven om mij heen zie
onze vier kinderen, en zelfs het kind
dat jij niet zelf gebaard hebt
teruggekregen, ons huis, mijn taal,
mijn werk, mijn toverkracht, mijn lief,
mijn vrouw, en jouw gezicht en lijf
dat elke dag mooier wordt steeds
meer op het leven zelf gaat lijken, samen-
valt met onze toekomst

Troebel

Met jou is het leven begonnen, de nacht
wakker gekust, onverzadigbaar ben ik
gezoogd aan je liefde

Zonder jou
bleef ik een doodgeboren kind
kermend nog van over het graf.

Troebel

GILGAMESJ[293]

1.

Reuzenkind wildweider nauwelijks mens nog
verloor, het tempelmeisje omhelzend,
verloor Enkidoe zes dagen zeven nachten
stotend steeds stervend steeds
steeds in haar schoot herboren
verloor van zijn dieren de trouw,
van zichzelf de onsterfelijkheid

Wat won hij? dat wat hij
vervloekte op zijn sterfbed
dat waarom hij Gilgamesj, geile meester
lusttirranie over alle vrouwen van de wereldstad
afstreed op leven en dood

Toch juist zo diens vriend werd
onder paukenslagen, de eerste muziek
vertrokken zij naar waar Enkidoe ooit zwierf
westelijk van het leven, en daar bevochten zij samen
de dood
tot Enkidoe zelf

---

[293] Gilgameš, hoofdfiguur van het gelijknamige epos, dat in alle culturen van het Oude Nabije Oosten vanaf het derde millennium vóór onze jaartelling, tekstfragmenten heeft achtergelaten. Hiervan bestaan talloze vertalingen en studies, onder meer: *Het Gilgamesj Epos, vertaald en toegelicht door dr. F.M.Th. de Liagre Böhl*, Brussel / Den Haag, Manteau, 1958. Als koning van U-ruk, doet Gilgameš een dicht bij de dieren staande, aanvankelijk onsterfelijke vriend Enkidu op; samen weerstaan zij het westelijke monster Humbaba, maar Enkidu sterft. De avances van de godin Inanna honend afwijzend, gaat Gilgameš vertwijfeld op zoek naar de onsterfelijkheid. Dit voert hem tot een ontmoeting met zijn onsterfelijke voorvader Utnapištim, de Sumerische zondvloedheld – prototype van de Bijbelse Noaḥ (*Genesis* 5-10). Gilgameš ziet een slang het kruid der onsterfelijkheid gebruiken, maar krijgt het zelf niet te pakken, en keert ontgoocheld naar zijn stad terug, waar hij sterft.

Troebel

Waarna Gilgamesj alleen op weg ging
Enkidoe's dood moest de laatste zijn

Niet meer het tempelmeisje
de godin zelf
hield hem staande toonde de weg naar het
leven liep door haar schoot: *kom en leef*

Fuck yourself, whore, schold de held
Enkidoe's lot indachtig, trok de leeuwenhuid
trofee op Enkidoe's dieren bevochten
strakker om zijn schouders, verspeelde
al wat hij zocht

Zes dagen en zeven nachten
zes dagen dat de vrouw hem brood bracht
zeven nachten van felle eenzaamheid
aangekomen op het Eiland na de Zondvloed[294]
bij Oetnapisjtim (stellig wist Gilgamesj
dat dit 'Wie de levenskracht zou vinden'[295]
was, voorouder, vrijwel naamgenoot)

---

[294] Het legendarische eiland Dilmun, dat vaak wordt gelijkgesteld met Baḥrayn ('Zout Water en Zoet Water') in de Perzische Golf; Dilmun speelt een zekere rol in mijn recente werk, waarin voor de naam een Austrische (Zuid-Oost-Aziatische / Oceanische) etymologie wordt voorgesteld: 'Maanwoonplaats'; vgl. *Ethnicity in Mediterranean protohistory*, pp. 92, 372.

[295] Voorgestelde betekenis van de naam 'Utnapištim'.

Troebel

Mannen onder elkaar dus: kennis,
gereedschap, maar omdat het mannen, geen
vrouwen zijn, toch niet meer
dan slechts verlangen naar leven, niet meer
dan dood, de sleutel
maar niet de poort, het licht slechts
de duisternis niet
een kluit in het riet een slang
ritselend verijdelend
het blad van het levenskruid

Gebroken terugkeer naar de stad
alwaar begrafenis.

Troebel

2.

Levenseva,[296] godin
van die weg meesteres
waarlangs onze kinderen
in het licht zijn getreden
om zelf dat licht te vermeerderen

Liefste, als ik dan werkelijk morgen
uitgerekend op die plek moet sterven
schenk mij dan daarna weer het leven
het leven uit die dood.

---

[296] *Eva*: volgens de Joods-Christelijke traditie de eerste vrouw, *Genesis* 2 e.v.

Troebel

LIEDJE

Je legt de ene ketting af
al was hij je dierbaarste sieraad
en kiest samen met mij een andere uit
licht en lekker goedkoop

De eerste had zilveren tranen
de nieuwe gevlochten chroom
die tranen hebben wij samen gehuild
je draagt ze nog wel in een droom

En als wij ooit daaruit ontwaken
dan vormen die tranen de kroon
die ik, voor je knielend, je op zal zetten
voorbij onze tranen, voorbij alle wetten
is slechts liefde van liefde het loon.

Troebel

AFSTANDELIJK

Laat mij dan een fotoalbum zijn dat je
nog niet durft te openen, toch nog niet kwijt wil
dat als een harde veel te zware
straattegel op je schoot ligt een scherp hoekig
blok in je dijen gesneden je handen tot bloedens
geschaafd aan de zijkanten je tranen
van verdriet en woede boren
zwarte gaten in dat poreuze lichte grijs;
'ordinair beton'

Vergeet de vraag
of ik ooit weer mag zijn als een nog niet geopende
brief van een geliefde, de nauwelijks merkbare
bries van een zee ver landinwaarts
(eerst lijkt het zilt toegewaaid
vanaf de zoutlik op de nabije wei vol koeien
maar wat verklaart dan dat nog maar net te stuiten
onwelkome verlangen?)

Zijn het kinderstemmen in die vage wind,
of jouw rinkelende harteklop als wraakgodin,[297]
het fluisteren ooit van voorspel, of toch mijn verre
snikken van veel te laat inzicht de kruik te lang te
water blijkt dat er onherroepelijk
stukken weg zijn en

---

[297] *...of jouw rinkelende harteklop...*: variant op de beroemde vraag 'is dat kanonvuur', uit de filmklassieker *Casablanca* (1942).

Troebel

> '*...leeggevloeid, het snikken kramp*
> *God trad uit en sloot hun lichaam toe*'[298]

ook wij zelfs wij juist wij
achtendertig jaar later

Ik bouw een hut aan de rand van het strand
leef van wat rauwe krabben en schildpad-eieren[299]
traceer 's avonds met droeve glimlach
jouw gelaatstrekken in de sterren
en mezelf betrappend wis ze weer uit
kerf geen dagen meer af constateer met voldoening
hoe ik onder de gordel eindelijk gevoelloos, mijn
ooit zo onvervulbaar verlangen zich eindelijk
vult met schelpen mantra's gedichten de boeken
die ik mijn leven lang steeds nog maar niet
kon voltooien

In ruimte en tijd nog nooit zo ver van mij af
ben je in vrijheid nooit zo nabij geweest
heimelijk wacht ik op het schip
dat jij mogelijk ooit te vroeg onverdiend
mag besluiten te zenden.[300]

---

[298] Opnieuw regels uit mijn gedicht 'Ouders', in de bundel *Leeftocht*.
[299] Hiermee hield ook Robinson Crusoë zich in leven in het gelijknamige boek. Toen ik als kind de Nederlandse vertaling las vroeg ik mij bevreemd af wat dat toch konden zijn, *schildpa-deieren*.
[300] Mogelijk als het schip met witte of zwarte zeilen dat Isolde van Tristam verwacht?

Troebel

PALMZONDAG

Pelgrims, maar niet naar de
heilige plaats die al kilometers eerder door het boerenbont
van het landschap priemde –

En in de ochtend argeloos de wandeling
die ons naar drommen pelgrims brengt nog
door hopen takken van de kathedraal gescheiden
een tak gekocht als toegangskaart, als voor een
propagandafilm geschaard tussen Japanners, een
Afrikaan, miniatuurdames uit Portugal,
rugzakdragers, het wachten is op de Fellini-*crew*
van half gedemonteerde mensen in middeleeuwse
dracht – maar daar zijn ze immers, vanuit
het zijdecor met smeedwerk, zijn paleis, de bisschop
(schraal, zwaar geschoren wangen, misprijzende mond:
Richelieu betrapt bij zijn lectuur van Machiavelli)
met eerbiedwaardige assistenten die best ook wel
bisschop hadden kunnen willen zijn; is dat een gifbeker?
nee een wierookvat, en wijwater, op onze takken ook
en dan deint de hele menigte de hoek om
zingend en wel, schrap zetten heeft nu geen zin meer
de bisschop ramt de kerkdeur in met een tot palmpaasstok
omgebouwd kruis op lange stok, en eindelijk mogen we

Troebel

En toen, opeens:
in het wijde gewelfde duister
gloeien de ramen op als oud vuur
waar een windvlaag doorheen jaagt
op het eind in de nacht
die heilig en groots
erkent dat wij samen
op dit altaar van tijd
de goden zijn, of elkaars
priesteressen
als dat is wat je wilt.

Troebel

PLENGEND AAN MIJN HEILIGDOM

's Avonds of 's nachts, als kunstlicht
in vensters van het huizenblok rondom staat als schuim
op de volle kom van duister die de tuin al is
moet het op de tast

(Het koele schuim van tegenkoken[301] in het heiligdom
waarin ik lang geleden tot *sangoma* ben gewijd:
mptlatlèlwa dat de ondraaglijke
hitte van de geest als die zich openbaart kalmeert
een kom met water en *mptlatlèlwa*-poeder op je hoofd en
terwijl de andere *sangoma*'s en buurtgenoten toekijken
laat je *sangoma*-zuster[302] daarin het ontschorste takje
als een vuurboor[303] wrijvend tussen haar handen tollen

---

[301] Dit gedicht handelt over mijn werk als waarzegger-genezer (*sangoma*), waartoe ik werd opgeleid tijdens antropologisch veldwerk in Botswana vanaf 1988. Volgens het *sangoma*-wereldbeeld (dat ik in hoofdzaak slechts plaatsvervangend onderschrijf) leeft ieder mens onder de voortdurende beoordeling en bescherming van zijn overleden voorouders. Sommigen echter zijn door de voorouders uitverkoren; in hen willen de voorouders incarneren. De voorouders maken deze uitverkiezing kenbaar door een toestand van ziekelijke agitatie, die wordt geïnterpreteerd als oververhitting, en waarvoor verkoelend medicijn op korte termijn een remedie is. Op lange termijn is de agitatie (die in principe levensbedreigend is) slechts op te heffen door het hele traject van opleiding en initiatie tot *sangoma* door te maken. In de semi-ariede streken van Zuidelijk Afrika groeit een kruid, *mptlatlèlwa*, dat, gedroogd en verkruimeld opgeklopt in koud water, het verkoelend schuim in kwestie oplevert. Het schuim moet op de gewrichten van armen, benen en schouders aangebracht worden, en op de slapen, omdat daar het effect van de voorouderlijke bezetenheid het sterkst is. Het restant wordt met de mond opgezogen. Dit is 'tegenkoken': terwijl bij koken het streven is om een stoffelijke transformatie tot stand te brengen door temperatuurs*verhoging*, is het bij dit *sangoma*-ritueel precies andersom.

[302] *Sangoma*'s genieten hun opleiding in een loge waarmee zij ook na hun initiatie banden blijven onderhouden. Loge-leden vormen een solidaire groep van adoptieve broeders en zusters, die samen vooral nachtelijke rituelen uitvoert en de slaaptijd daaromheen samen kuis in één ruimte doorbrengt, ongeacht geslacht.

[303] *vuurboor*: takje aan het uiteinde waarvan door wrijving in een kuiltje in hout of steen vuur wordt gemaakt.

Troebel

tot het koude schuim overkookt over je slapen, langs
je blote rug en borst en zij de klodders
van koel tegenkoken (tegenvrijen, zoals dat met je zuster mag)
driftig afschudt tegen je ellebogen, kniegewrichten
en zij je even driftig het laatste schuim opdringt om
uit haar hand te eten nu woont de geest voorgoed in mij)

Moet het op de tast – de gevorkte tak[304] hoog opgericht, de gladde
ronde steen voor de moeders, de kale ruwe rotsteen van vaders, en de
rotssteen waarop ik het kruisje heb gemonteerd
afkomstig van de kortstondige crematiekist van mijn tweede
schoonvader (van mijn eerste heb ik mijn oudste dochter
en wat handgereedschap over
en een pet vol wijsheden uit de Jordaan[305])

Tast ik, stoot tegen het krukje dat (geheel in stijl) al grotendeels
door termieten was opgegeten voor ik het uit Afrika meebracht
de aardewerken plengbeker met rood, wit en zwart glazuur
(of is het glansverf gepikt van een schildersbedrijf in Boelawajo?[306])
de lege flessen die, met hun inhoud eenmaal
in het domein van de voorouders gebracht daar maar beter konden blijven
en de halfvolle kruik met Bols, of Polderbitter, of wat ze de laatste
weken te drinken krijgen van me

---

[304] De gevorkte tak is een standaard vorm van dorps- en familieheiligdom in grote delen van Afrika ten zuiden van de Sahara; *vgl.* Wim M.J. van Binsbergen, 1979, 'Explorations in the sociology and history of territorial cults in Zambia', in: J.M. Schoffeleers, red., *Guardians of the Land*, Gwelo: Mambo Press, pp. 47-88.

[305] Volksbuurt in Amsterdam-Centrum.

[306] *Bulawayo*: hoofdstad van West-Matabeleland in Zimbabwe, Zuidelijk Afrika; de zuidoostelijk van deze stad gelegen Matoposheuvels vormen het centrum van de met de *sangoma*-cultus nauw verbonden cultus van de Hoge God Mwali.

Troebel

Ik giet de plengbeker vol
met voor alle zekerheid al mijn kralen om, bewijs van al mijn beestenoffers[307]
met schoenen nog aan en op het krukje als ik me veilig voel
op sokken hurkend als de nood hoger is
kantel ik de plengbeker prevelend boven de stenen

   'vaders, moeders'

(de moeders, daar heb ik geen probleem mee, die houden
vanzelf en onvoorwaardelijk van mij en ik van hen
maar vaders, dat is onder anderen
mijn eigen vader
kort voor zijn dood raakt hij geïnteresseerd hij heeft gehoord
maar niet van mij dat ik aan mijn voorouders geofferd
dus ook de zijne; maar ik weet veel te goed wie wat door wie
er is geofferd (moeder, zusjes, alle vreugde van mijn jeugd,
door hem), weiger toelichting, en krijg door de telefoon
van hem dezelfde kanker toegewenst waaraan hij
net bezig is zelf dood te gaan
en ik bij vlagen bang sindsdien
maar vijftien jaren later leef ik nog
en schrijf dit neer)

En na het plengen, diep op mijn knieën in het natte
gras dat blijkt later door de stof heen
een lichtgroen vlechtpatroon in mijn knieën,
mijn handpalmen en voorhoofd op de
grond gedrukt als een moslim die
pourtant ook van het heidense walletje

---

[307] Bloedige offers van geiten, schapen en runderen zijn standaard bij de *sangoma*'s als eerbewijs aan de voorouders; elk snoer staat voor één gebracht bloedig offer.

Troebel

Lig ik in evenwicht bovenop de vochtige aarde
zoals ik op jou of jij op mij
en weet ik eindelijk precies wie jij bent, en smeek
met de dommekracht van een ongelovige die
niets liever dan smeken wil, smeek
dat jij dat altijd blijven mag.

Troebel

HEILIGE GEEST

Vandaag moet ik leren dat jij pas komt
als ik heb opgegeven naar je te verlangen
als ik mijn armen open, niet om je in te sluiten
maar om je te laten wegvliegen, het oude gebaar
volmaakt in tegendeel spiegelend
(zodat je toch nog mijn engel wordt
duif die na de eerste vlucht zich terug op mijn schouder neerzet
en mij kopjesgevend bevrucht, zwanger van
verlangen naar jou zo groot als god)[308]

Geest genoeg, maar dit
dit is mijn lichaam dat in de ruimtetijd[309]
een diepe kuil[310] drukt veel te groot voor één lichaam alleen
ben je nu weg om bij mij te zijn?
hoe leer ik af, te willen heersen over jouw nabijheid?
het is de stof die aan mij rukt en de geest ontoereikend maakt
ik ben niet echt bang maar het voelt
als de dood.

---

[308] Verwijzing naar de Boodschap van de engel Gabriël aan Maria, de moeder van Jezus. Haar werd bericht dat zij zwanger zou worden door de Heilige Geest, die volgens de pas eeuwen na Jezus geformaliseerde Christelijke leer één van de drie personen is waaruit God zou bestaan, en die soms (*Matteüs* 3:16; *Marcus* 1:10) verschijnt in de gedaante van een duif.

[309] *ruimtetijd:* begrip uit de moderne natuurkunde sinds Einstein, waarin de vervlechting van ruimte en tijd wordt benadrukt.

[310] Naar lekentaal vertaald is dit ongeveer de voorstelling van de zwaartekracht in de ruimtetijd volgens Einsteins relativiteitstheorie.

LIEF

Lief

Meer dan vijftig jaar geleden spelde ik, op bevel van mijn dichtervriend, Rilke's brieven met raadgevingen aan een jonge dichter (in Nederlandse vertaling, want die was goedkoop voorhanden). Wij knoopten vooral in onze oren dat wij geen liefdesgedichten mochten schrijven. Hier geldt hetzelfde als bij gedichten die ontstaan zijn in een poging om op papier een uitweg uit een crisis te forceren: de beoogde intensiteit is zelden waar te maken, en het aangedragen taalmateriaal is vaak tweederangs. Als dit soort gedichten overleeft, is het vaak omdat zij hun boodschap niettemin hebben afgeleverd, en zo tenminste als gebruikspoëzie gewaardeerd zijn.

Lief

IDENTITEIT

Overspoeld als het zand golf na golf
weggesijpeld, weer droog, weer stuif
behalve in de donkerder natter
schaduw van klein wrakhout (angst en schaamte)
rug na rug rimpels van windgesprek
schaduw die het lage licht van zonsondergang aanscherpt
tekent af een telraam van herinnering
bezinksel in lege schelpenhelften
een enkele fles zonder leesbare boodschap

Wie ben ik? los zand door de vingers
elke zeven jaar heb ik alle materie
van mijn lichaam volledig vervangen
hoeveel kamers heb ik al ingericht?
hoeveel bibliotheken bijeengekocht?
hoeveel geliefden in gesprekken buiten de tijd
willen kennen, willen laten kennen?

Ben ik dan niemand? steeds een ander passend
antwoord echoënd in steeds een andere kamer?
de vluchtige verschijning in de gemarmerd omsloten
pupil van steeds een andere geliefde?
de waarheid schril als een hofnar lachend
op haar hemelbed van performativiteit?
wie dichtte achtendertig jaar geleden van

    '*stilte schichtig uitvluchtend / voor de stilte?*'[311]

---

[311] Slotregel van mijn gedicht 'Ouders', in de bundel *Leeftocht*.

Lief

Of ben ik, onder het zand, toch het
grondwater met naar de zee diep daaronder
naar elke zee naar overal onder

Toch de god die in een ander weet, wiens
vleugels soms even zichtbaar
opflakkeren tussen mijn schouderbladen en
hoopt op opstijgen naar jou?

Wie lopen daar hand in hand op het zand
in zeebulder overstemd de grootste woorden
telraam in golfslag gesteld gewist
gesteld gewist
mijn hand balanceert aan jouw hand aan de
evenwichtsstok van de horizon jouw hand
balanceert aan mijn hand aan de
gesteld gewist

> Voetje voor voetje, blijf vooral ademen
> zielekarnen hemelarmen
> liefste, engel, waar wij zo komen
> ben ik zeker nog nooit geweest

> Begin ik te weten wie ik zijn mag
> poort waartoe ons verlangen ingaat
> de blik waarin jij het mooiste bent
> van deze en van iedere wereld
> en net zo'n blik voor mij
> van jou.

Lief

BRAAKLAND

Bula, Guiné-Bissau, 1983

Aan de rand van de wereld
was niets anders méér
dan wij in ons lichaam en de
haast om alsnog
het paradijs te bevolken

Was er niets anders meer
hoewel af en toe iemand hetzelfde
pad langs het braakland kwam proberen

Maar wij waren het niet
wij waren de voorouders die het werk
van voorouders deden

Soort bij soort kwamen vluchten vogels
aangezogen door ons gat in de tijd
het paradijs helpen bevolken

En hoewel in de terugkeer
de tijd ons zijn ijsberg door de keel perste
en wij onszelf zwijgend verstrooiden
als de kinderen van Kaïn
en duizend demonen zich binnenstortten
door de wijdopen bres in mijn gemoedsrust

Voel ik overal in mijn lijf toch ook nog die
haast om het paradijs te bevolken.

Lief

ANIMA ET ANIMUS[312]

Hier
buiten de tijd
kan twijfel niet bestaan

Richten de vergelijkingen hun
pijlen nog slechts op zichzelf[313]

Nu
door de spiegel gestapt[314]
is de enige ruimte
die in jou

Aan wie ik put en drink en spreek
hogepriester
profeet
van jouw orakelbron[315]

---

[312] *Anima et Animus:* het vrouwelijke en het mannelijke geestelijke principe; in zijn 'analytische psychologie' ziet C.G. Jung het individueel onbewuste niet (zoals Freud gedurende een groot deel van diens loopbaan) als de resultante van bij uitstek sexuele strevingen en hun verdringing, maar als – veel meer algemeen – een confrontatie met het geestelijke principe van het andere geslacht; Animus en Anima zijn daarom veronderstelde oerthema's ('archetypen') in het collectief onderbewuste, en zouden zich als zodanig manifesteren, niet alleen in individuele dromen, verlangens, neurosen, maar ook in min of meer bovenpersoonlijke, artistieke en (voor)-wetenschappelijke voortbrengselen zoals literaire en beeldende kunst, alchemie *etc.* De erfelijkheid van dergelijke voorstellingen, en het mechanisme waarlangs zij overgedragen zouden kunnen worden, is fel omstreden.

[313] *vergelijkingen hun pijlen*: paradoxen zijn een beproefd domein van twijfel, en tot de oudste erkende paradoxen in de Westerse filosofie behoren die van Zeno; volgens één hiervan kan een pijl nooit zijn doel bereiken, want hij moet steeds eerst de helft van de te overbruggen afstand afleggen, en van het restant steeds weer de helft, en steeds weer... Zeno miste het wiskundig inzicht volgens welke de integraal van oneindig veel lijnstukken nietemin een eindig traject kan zijn. Het thema van de paradoxen van Zeno komt meer voor in mijn gedichten, *bijv.* in 'Hogan', uit mijn bundel *Vrijgeleide* (Haarlem, In de Knipscheer, 1986).

[314] *Door de spiegel gestapt*: Een wijdverbreid symbolisch en magisch thema, vooral uitgewerkt in Lewis Carrolls ten onrechte, naast *Alice in Wonderland*, minder bekende boek *Through the Looking-Glass*.

Lief

Jij
roepende, stromende
aarde die zich verdicht
tot tastbaar voor mijn handen
die (als wind rimpelend het koren)
je tintelende huid beroeren
tot je gezicht
straalt als heuvels van thuis in het zonlicht
na lang eindelijk weer thuis

Tot lijfspreuk
open jij mijn mond[316]
woord over water zweeft[317]
water wereld baart
woord wereld wordt

Ik draag je, maar
gedragen til jij ons
binnen in deze ruimte
ik ken je sinds eeuwigheid
en je gezicht dat eerst
dat van een meisje was
blijkt dat van een engel.

---

[315] *orakelbron*: in de Grieks-Romeinse oudheid was het landschap bezaaid met heiligdommen, aan vele waarvan een orakel verbonden was. Vele heiligdommen hadden als basisvorm een markant gegeven in het landschap (boom, rots, een daar ontspringende bron), en pas in tweede instantie een door mensen gemaakt bouwsel dat deze heilige plaats nader markeerde en bij de mensenwereld inlijfde. Dit patroon leeft nog steeds voort op vele plaatsen in het hedendaagse Middellandse-Zeegebied; mijn eerste veldwerk (Tunesië, 1968, 1970) was eraan gewijd.

[316] *open jij mijn mond*: in het Oudegyptische dodenritueel was de ceremonie van het symbolisch openen van de mond van de dode, door de erfgenaam ten overstaan van een priester, een beslissend onderdeel.

[317] *woord over water zweeft*: een verwijzing naar de beginpassage van het boek *Genesis*, 1:2: 'en de geest – of adem, of wind – van de Goden [traditioneel maar tendentieus vertaald als 'van God'] [zweefde] boven'] de [oer-]wateren'); en van het Evangelie van *Johannes*, 1:1 – 'In het begin was er het Woord, en het Woord was bij God, en het Woord was God'.

Lief

HUID

Onder de douche ten slotte
straalt je huid mij toe
als een duinpan een zomerbui
dit is van jou de grens

Als jij die grens niet had, en
niet soms maar altijd in mij
zou overvloeien
en ik in jou, zoals je mij ooit hebt
gedragen jouw ongeboren
baby, of zoals jij groeide
in mijn schedel baarvader van godinnen[318]
te zeer samen
als zaad naar binnen geslagen[319]
(de akker dan een vale jas van
bruingrijs ribfluweel,[320] uitgeput

---

[318] *baarvader van godinnen*: verwijzing (via het bij uitstek vrouwelijke voortplantingsorgaan, de baarmoeder) naar de Griekse mythe van de geboorte van de godin Athena – haar vader Zeus had zijn zwangere minnares Mētis ('Verstand') opgeslokt nadat zij de gedaante van een vlieg had aangenomen, en om het kind (met een al volkomen gevormd volwassen figuur, en in volledige wapenrusting gekleed) geboren te laten worden zat er niets anders op dan dat de vuur- en smidsgod Hephaestus de schedel van zijn vader Zeus kliefde om zijn halfzuster Athena toegang tot de wereld te verschaffen.

[319] Verwijzing naar een dwaas bijgeloof waarmee mannen soms zichzelf en hun sexuele partners chanteren: 'er moet geëjaculeerd worden anders *slaat het zaad naar binnen* met ernstige schade voor de gezondheid'. Taoïsten beschouwen de mannelijke ejaculatie juist als onnodige uitputting.

[320] *akker...Vincent*: toespeling op het schilderij 'kraaien boven een korenveld' (1890), een van de laatste werken van Vincent van Gogh. De geploegde en ingezaaide akker, wiens evenwijdige diepe voren aan ribfluweel doen denken, zet de beeldspraak voort rond Athena's geboorte uit ingeslikt zaad dat reeds bevrucht heeft.

Lief

hangend over een stoel
waar kraaien stoppels schreeuwen
over de voren, Vincent) ik zou niet weten
waar dan te beginnen

Maar al slaan kosmische deeltjes[321] hun baan
ongehinderd dwars door je heen,
en beleven talloze microben haarzwepig
borstogig Woodstock en One World[322]
in de onafzienbare stadions van je poriëen
al tikt het klokje C-veertien[323] in en uit
je moleculen nergens thuis

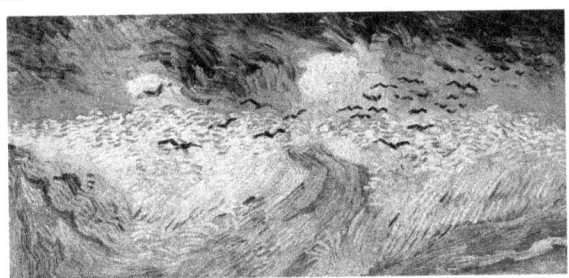

Vincent van Gogh, 1890, 'Kraaien boven een korenveld'.

[321] *kosmische deeltjes:* door de zon uitgestoten elementaire deeltjes van zo geringe massa en zo grote snelheid dat zij dwars door alle aardse materie heenvliegen, en dus ook door levende wezens.

[322] Twee beroemde, zeer massale popconcerten van de laatste halve eeuw.

[323] *C14:* het koolstof-isotoop waarvan het voorkomen in levende stof een maat vormt voor historische datering; slechts bij het leven wordt het in de stofwisseling met de buitenwereld voortdurend aangevuld, daarna neemt de concentratie af volgens een bekende halveringstijd.

Lief

Al is heel je materialiteit een roze
muizekreetje in de ruimtetijd
al ben je slechts een negatief:
regenschaduw tamponnerend uitgespaarde
hand in een prehistorische grot[324]
Al is die grens niets
dan een blauwe mal ('is dat nou
een naakt?') door Matisse[325] baldadig geknipt
op armlengte ooghoogte met een nagel-
schaartje uit Gods aardappelkarton
en vlug ook: hij was al bijna dood

Hier ben je niettemin,
gelukkig nog net binnen je huid; en hier ben ik
nog net buiten je huid
strelend, masserend, spetterend
op de grens van waar ik nog ik kan zeggen
en waar jouw jij flonkerend opgaat
(regenboogbrekend op flacons en kranen)
in de dageraad van je wimpers
als reeën holgespannen aandachtig
op een veld volgelachen met bloemen
waar de dubbelzon[326] van je borsten
slagschaduwen werpt
tussen de bosrand van het bed
en de vlakte van de stad met andere mensen

---

[324] *uitgespaarde hand:* in vele prehistorische grotten met name die uit het Laat-Paleolithicum (geassocieerd met de Anatomisch Moderne Mens vinden wij in verf getamponeerde of geblazen omtrekken van mensenhanden.

[325] *Henry Matisse* (1869-1954): Franse schilder; zijn fascinatie voor grote kleurvelden bracht hem tenslotte, in 1952, tot een serie uit karton geknipte minimale basiscontouren, die, in blauwe plakkaatverf geschilderd, naakten vormden.

[326] *dubbelzon:* ☉☉, tweemaal de Oudegyptische hiëroglyfe voor de zon(negod) Ra^c.

Lief

Niets
had ik tot vandaag van de wereld gezien
er is opeens geen eelt meer onder mijn voeten
trillend en nat, mijn eerste geluiden, eerste geuren
word ik gewaar, plotse vlindervleugels
juist strekkend pompend, de cocon nog
halverwege mijn zelfbeeld

Mag ik voor even
de wereld zijn
aan de rand van heel jouw huid jouw bloemkelk
mag ik jouw rand van de wereld zijn
(mag ik jou zijn
aan de rand van de wereld?)

Onder de waterval oorverdovend
staan wij, eerste mensen
in een vacht van spetters
die de tijd schuimend van ons afstroopt
tot op de rots:

Jouw huid.

Lief

VROUW HOLLE[327]

Ik moest nog heel lang wachten, maar zij
mocht je elke dag al zien
omdat haar eigen kinderen al groot waren
(schapenwolken, en reuzen roepend in de strandwind
en de hand die je naar de zon optilt om gekust te worden)
omdat zij, onsterfelijk, tijd genoeg had
en haar stem zacht was als motregen

Zien hoe je als meisje van vijf
het uitsnikte over het Jezuskind
als achtjarige je eerste boek las
en al dadelijk had het geen einde
voor jou is de sneeuw uitgevonden, en wildsporen
in de sneeuw onder de sterren, en
pannenkoeken en blauwe spekken;[328]
voor jou leren honden praten en
werd de bromtol tot zonnestelsel –
niemand was méér kind mooier kind dan jij

Met jou
waren de kinderen óp, dus Vrouw Holle's hondje
moest maar rondgereden in je poppenwagen
broer Marc er kraaiend achter maar dit
geheim kon hij niet bevatten
en nog niet

---

[327] Tot sprookjesfiguur gedegradeerde Moedergodin van geboorte, dood, natuur en onderwereld.

[328] *spekken* (Vlaams): snoep, niet *per se* de tweekleurige buigzame ruitvormige zoetigheden ter grootte van een kinderhand die onder deze term bekend zijn in Noord-Nederland.

Lief

Vrouw Holle mocht elke dag al zien
waar ik nu zoveel jaren later verbijsterd
mijn hele lijf, wetenschap, taal,
hemel en aarde, graag voor aandraag:

Niemand was meer kind mooier kind dan jij

Maar wat te doen dan met latere kinderen,
wat doen we met jou nu je groot bent
wat doen we met onze eigen kinderen
de jouwe?

Ik denk dat het antwoord is:
nu mag ik bij je zijn, en en mogen we
zo groot worden dat wij samen met andere kinderen
in de poppenwagen van Vrouw Holle

Want die heeft ze achtergelaten
onder de sneeuw,
haar mooiste deken.

Register

De gedichten in dit boek omvatten een periode van meer dan een halve eeuw, gedurende het grootste deel waarvan de auteur zich naast de literatuur intensief bezig heeft gehouden met diverse takken van wetenschap. Het dichtwerk weerspiegelt deze zich voortdurend uitbreidende belangstelling, en wekt ten onrechte de schijn dat het etaleren van cognitieve kennis het doel is van de in dit boek gebundelde poëtische teksten. Maar ook al zijn deze specifieke verwijzingen slechts een literair middel, het is onmiskenbaar dat vele voor de auteur vanzelfsprekende en veelzeggende verwijzingen zonder toelichting niet te duiden blijven, en onnodige hinderpalen vormen, voor wie (zoals verreweg de meeste lezers) een referentiekader heeft dat slechts gedeeltelijk met dat van de auteur overlapt. Deze gedichten zijn ontstaan in dialoog met de wetenschap, en daarom is de beproefde wetenschappelijke methode om met dit soort problemen om te gaan, ook hier toegepast: een uitvoerig register op eigennamen. Hoewel het maken van zo'n register zeer veel werk is, is het verreweg de beste manier om te komen tot volledige integratie van de heterogene teksten die hier gebundeld zijn, en met name om kleine inconsistenties van spelling en redactie op het spoor te komen. Eenmaal gemaakt lag het voor de hand het register ook in dit boek op te nemen, want het kan van groot nut zijn voor de lezer om zijn weg te vinden in het overstroomde mangrovebos van in elkaar verslingerde entiteiten – waarmee niet alleen de structuur van dit boek en zijn samenstellende taalbouwsels wordt gekenschetst, maar ook de leefwereld van zijn maker.

Een deel van de spellingsvarianten is overigens bedoeld: in de gedichttekst is een fonetische spelling toegepast gebaseerd op de standaardwaarden van lettertekens in het Nederlands, terwijl in de voetnoten een meer internationale notatie wordt betracht – dus bijv. Cham naast Ḥam, Boelawajo naast Bulawayo. Boektitels, groepsnamen, plaatsnamen etc. zijn onder hun eerste woord gealfabetiseerd, achternamen met tussenvoegsel ('de', 'van' etc.) onder dat tussenvoegsel. Auteurs aangehaald in hoofdtekst en voetnoten zijn eveneens in dit register opgenomen. Waar een adequate omschrijving in de voetnoten is te vinden wordt deze meestal niet hier herhaald.

q.v. = zie aldaar; *vgl.* = vergelijk; *cursief* = zelfstandige publicatietitel / specifieke eigennaam; KLEIN KAPITAAL = niet-zelfstandige publicatietitel; *zgn.* = zogenaamd; *d.w.z.* = dat wil zeggen; *ps.* = pseudonym; *etc.* = enzovoorts

Register

Aarde, 6n, 65n, 111n; *vgl.* Hemel en Aarde, Gaia, Persephone
Aarhus, stad in Denemarken, 115n
Abram Salas, uitgeverij, 50n
Achterberg, Gerrit, dichter, 114n; en Nijhoff, 114n
Adam, eerste mens volgens Genesis, 97, 65n, 95n, 97n, 125n
Adonis, 82n, 123n; *vgl.* Dumuzi, Thammuz, Dionysus
Aeneas, Trojaanse held, 32n
Afghanistan, 92-93
African National Congress, A.N.C., Zuidafrikaanse bevrijdingsbeweging en politieke partij, 49n-50n
Afrika(an(s), continent, ook specifiek: taal en etnische groep van deel der bevolking van Zuid-Afrika, 23, 41, 45-46, 74, 82, 171, 174, 15n, 32n, 40n, 42n-46n, 48n-50n, 6n, 65n, 80n-83n, 89n, 95n, 101n-102n, 104n, 118n-120n, 123n, 147n, 151n, 173n-174n; Noord-, 76, 6n, 110n; Noord-, en West-, 110n; Oost-, 121n; West-, 44n, 82n, 105n, 110n; Mali-rijk, 44n, en godheid Nzambi, 105n; West- en Zuidelijk-Centraal-, 82n; Zuid(elijk)-Centraal-, 74, 101, 15n, 33n, 40n, 43n-44n, 46n, 50n, 82n, 95n, 104n-105n, 119n-120n, 132n; – en Zuidelijk-, 40n; Zuidelijk –, 74, 32n, 80n, 173n-174n; en Eurazië, 82n, met name mythologieën, hun continuïteit, 15n, 102n; en Azië, 43n; en Europa, 82n
Afrika-onderzoek en zijn *Afrikanistische* beoefenaars, *d.w.z.* Afrikanisten, 86, 30n, 48n, 147n
Afrika-Studiecentrum, Leiden, 46n-47n
Afrika in Spiegelbeeld (Wim van Binsbergen & Martin Doornbos), 48n
Afrikaans Socialisme, 42n; *vgl.* Nyerere
Afroaziatisch, linguïstische macrofamilie, waartoe onder meer Semitisch, Berber, Chadisch en Oud-egyptisch behoren, 114n
Afrocentrisme, visie die primaat van Afrika benadrukt, 45n; *vgl.* Diop, Garvey
Akan, cluster volkeren in West-Afrika, 44n
Alice in Wonderland (Lewis Carroll), 184n
Alighieri, Dante, dichter, 47, 52, 47n
Allen & Unwin, uitgeverij, 134n
Al-Qaeda, Islamistische terreurorganisatie, 92n
'...Als je negers op een afstand ziet...' (Wim van Binsbergen), 34n, 131n; *vgl.* W.F. Hermans, Otterspeer
Alzheimer, ouderdomsziekte, 76
Ambo, uitgeverij, 79n
Amerika(an(s)), 15n, 45m, 48n, 81n-82n, 91n-92n, 94n, 107n, 117n, 126n; Noord-, 105n, 112n, 123n-124n; Noord- en Midden-, 123n, en Afrika, 123n; Zuid-, 104, 104n; *vgl.* Verenigde Staten van Amerika
Ames, Roger T., Sinoloog, 125n
Amstel, rivier in en bij Amsterdam, 150n
Amsterdam(s), stad in Noord-Holland, 47, 55, 61, 74, 21n, 34n, 48n, 50n, 55n, 6n, 81n, 118n, 150n; -Centrum, 174n; -Oost, 52n, 54n; -Zuid, 132n
Anahita, Iraanse godin, 105n
Anansi, spinachtige mythische figuur, West-Afrika, 105n
Anatolië, 83n; *vgl.* Turkije
Anatomisch Moderne Mensen, huidige menselijke (onder-)soort waartoe alle thans levende mensen behoren, 89n, 95n, 101n, 188n
Anima, 184, 84n; en *Animus*, 184, 184n
Antaeus, Grieks-Romeinse mythische figuur, 61, 15n, 6in
Antenor, Trojaanse held, 80n
Anthropos, antropologisch tijdschrift, 82n
Aphrodite, Oudgriekse liefdesgodin, 120n
Apostolische geloofsbelijdenis, 6in; *vgl.* Christendom
Apple, computerfabrikant, 90n, 94n
Arabisch, 46, 52, 42n, 46n, 52n, 96n-97n; *vgl.* Semitisch, Hebreeuws, Islam, Qur'an
Arbeidsvitaminen, radioprogramma, 133n
Archaeopress, uitgeverij, 96n
Archetypen, 153; *vgl.* C.G. Jung, en: *Archetypal Patterns in Poetry* (Maud Bodkin), 98n
Ares, Oudgriekse oorlogsgod, 15n
Argentinië, Noord, 104n
Argonauten, legendarische zeevaarders, *vgl.* Jason, Orpheus
Aristaeus, Grieks-Romeinse mythische figuur, 65n; *vgl.* Orpheus, Eurydice, Neith
Aristoteles, filosoof, 6in
Ark, Zondvloedtoevlucht, 96n-97n, 102n, 111n; *vgl.* Zondvloed
Arnhemsland, Australië, 104n
Arrhenius, S., scheikundige en astronoom, 126n
Arusha, stad in Tanzania, 42, 42n
Asantahene, keizer der Akanvolkeren, West-Afrika, 44, 44n

194

Register

Ashoka, koning, India, 43, 43n
Association des Amis de Teilhard de Chardin, 92; *vgl*. Teilhard de Chardin
Athena, Oudgriekse godin, 105n, 186n
Athraḫasis, Mesopotamische zondvloedheld, 111n; *vgl*. Noaḥ, Ziusudra, Utnapištim
Atlantische Oceaan, 82n, 117n
Audi, merk automobiel, 28
Australië, 59n; Noord-, 104n; *vgl*. Arnhemsland
Austrisch, linguïstische macrofamilie, o.m. omvattend Austronesisch (de talen van Indonesië en Oceanië, grotendeels met uitzondering van Nieuw-Guinea en Australië) en de talen van continentaal Zuid-Oost-Azië, 165n
Azië, 43n, 100n, 102n, 122n; Centraal- , 95n; Centraal- tot Zuidoost- , 122n; Noord-Oost-, 100n, 102n, en de Nieuwe Wereld, 100n, 102n; Oost-, 17, 112n, en Zondvloedmythen, 124n; West-, 82n; Zuid-, 80n, 119n; Zuid-, en Zuid-Oost- , 40n; Zuid-Oost-, 40n, 119n, 122n, 165n; – en Europa, 102n

B., Mohammed, Islamist en moordenaar, 52; *vgl*. Theo van Gogh, Islamisme
Baarn, plaats in Noord-Holland, 41n
Babyloniaca (Berossus), 118n
Babylonië, 70n, 107n, 114n; *vgl*. Soemer, Mesopotamië
Bacchanten, extatische volgelingen van de Oudgriekse god Dionysus, 64n
Bachofen, J.J., classicus, 104n
Baghdad, stad in Iraq, 43n
Baḥrayn, 'Zout Water en Zoet Water', 165n
Balkenende IV, Nederlands regeringskabinet, 91n
Ballantine, uitgeverij, 125n
Banco Ambrosiana, bank van het Vaticaan, *q.v.*, 17, 17n
Banco Lombrosiana, fictieve financiële instelling, 17; *vgl*. – Ambrosiana
Bantoe, linguïstische (sub-)familie, 42n, 82n, 114n, 122n
Bao, variant van het mankala bordspel, 43n
Barotse, *zie* Lozi
Barteljorisstraat, Haarlem, 25
Bartholomeüsnacht, waarin massamoord op Franse Protestanten, 1572, 120n
BASIC, computertaal, 35n
Bavinck, H., theoloog, 75
Beatrix, Koningin der Nederlanden, 89n
Beatrixvloed, fictieve watersnood, 89; *vgl*. Elizabethsvloed
Beecher Stowe, H., schrijfster, 81n; *vgl*. *Uncle Tom's Cabin*
Before the Presocratics (Wim van Binsgbergen), 61n, 63n, 65n, 102n
Beieren, regio in Duitsland, 82n
België, Belgische, 79n, 124n, 133n; *vgl*. Vlaanderen, Geraardsbergen
Belgische Radio en Televisie B.R.T., 133n
Bellagio, plaats in Italië, 109n
Beneden-Shire Vallei, Malawi, 82, 82n-83n
Benelux, gedeeltelijke statenbond van België, Nederland, en Luxemburg, 12n
Berkley, uitgeverij, 125n
Berlijn, stad in Duitsland, 33, 118n
Bernal, Martin, Sinoloog en cultuurhistoricus, 32n; *vgl*. *Black Athena*
Berossus, Hellenistisch auteur, 118n
Bert Bakker, uitgeverij, 50n
Berufsverbot, uitsluiting van normale professionele bezigheden, 86
Bierhorst, John, mythograaf, 104n
Bij, insect, 62, 62n; *vgl*. 'Zij van het Riet en de Bij', en: De Bezige Bij
Bijbel, 74, 46n, 65n, 95n, 97n, 107n, 164n; *vgl*. St Willibrordvertaling, Nieuwe Testament, Genesis; Noaḥ uit de - , 164n; en Oceanië, 95n
Bijbelgenootschap, Nederlands - , 75
Biko, Steve, Zuidafrikaanse vrijheidsstrijder, 45, 45n
Bilderdijkstraat, Amsterdam, 81n
Bituma, extatische cultus, Zambia, 151, 82n, 151n; *vgl*. *Religious Change in Zambia*
Black Athena (Martin Bernal), 32n
Bloedbruiloft, *zie* St Bartolomeüsnacht, 120n
Blombosgrot, Oudpaleolithische vindplaats, Zuid-Afrika, 104n-105n
Bodkin, Maud, psychoanalyserend letterkundige, 98n
Boeddha, Boeddhisme, 43n-44n, 111n; *vgl*. Zen- , Boom der Verlichting
Boko Haram, Islamistische terreurbeweging in Nigeria en omgeving, sinds eind jaren 2000, 92n
Bols, merk gedistilleerd, 174
Bommel, Zalt- , plaats in Centraal Nederland, 89
Bompiani, uitgeverij, 32n
Boodschap, *zie* Maria
Boom der Verlichting, 111n; *vgl*. Boeddha
Boom van de Kennis van Goed en Kwaad, 111n; *vgl*. *Bijbel, Genesis*
*Boreaans, taalreconstructie voor het Centraal- tot (Zuid-)-Oostaziatisch Laat-Paleolithicum, 122n

195

Register

Bos, Wouter, politicus, 91, 91n
Bosworth, C.E., Islamoloog, 97n
Botox, farmacologisch middel ter versteviging van huidweefsels, 12n
Botswana, Botswaans, 14, 14n, 32n, 80n, 118n, 173n
Boulevard Raspail, Parijs, 30n
Boulevard St Michel, Parijs, 31, 31n
Bouwfraude, 2000, 90n
Brabants, *zie* Noord-Brabant
Brill, uitgeverij, 97n
Brinker, Hans, romanfiguur van M. Mapes Dodge, 117n; *vgl.* Peter
British Archaeological Reports (BAR), 96n
Brits, British, *zie* Groot-Brittanië, Verenigd Koninkrijk, Engels
BROERTJE EN ZUSJE, 102, sprookje van Grimm, 100n
Bronstijd, 86, 80n, 83n, 120n
Broodcoorens, Mathilde, 59-60, 59n-60n
Brouwerskolk, Haarlem, 13, 13n
BRÜDERCHEN, *zie* BROERTJE...
Brussel, stad in België, 164n
Bula, plaats in Guiné-Bissau, 183
Bulawayo, plaats in Zimbabwe, 174, 174n
Bussum, plaats in Noord-Holland, 8n
Byblos, plaats in Syro-Palestina / Phoenicië, 33n

C^{14}, koolstofisotoop gebruikt voor prehistorische dateringen, 187
Caesar, Julius, 43-44, 43n-44n; en Lubáwicher Rebbe, 43
Cambrium, geologisch tijdperk, 17, 17n
Campo del Ghetto Nuovo, 'Plein van de Oude IJzergieterij', plein in Venetië, oorsprong van het woord 'ghetto' voor Jodenbuurt, wooncentratie van ondergepriviligeerden, *etc.*, 15

Carboon, geologisch tijdperk, 17
Carroll, Lewis, schrijver, *ps.* Rev. E. Dodgson, 184n
Carthago, plaats in Tunesië, 88, 32n
Casablanca, stad in Marokko, gaf zijn naam aan een klassieke rolprent, 169n
Cassara, demiurg in West-Afrika, 82n
CD-ROM, digitaal opslagmedium, 51
Chaldea, *zie* Mesopotamië
Cham, *zie* Ḥam
Chassidisme, oorspronkelijk Oost-Europese stroming in het Jodendom, *q.v.*, van de Nieuwe Tijd, 14n
Chihamba, vegetatiecultus, Zambia, 82n
China, Chinees, 94, 17n, 63n; Zuid-, 102n; *vgl.* Taoïsme, *I Ching*
Chobe, rivier in Zuidelijk Afrika, 120n; *vgl.* Zambezi
Christendom, Christelijk, Christen, 74, 92, 14n, 17n, 44n, 61n, 81n, 118n, 177n; *vgl.* Mithrasdienst, Protestantisme, Roomskatholiek, Jezus, Christus, Paus, Islam
Christofoor, 81, 81n
Christus, 61n; Christologie, 81n; *vgl.* Jezus, Christendom
'Civilization and its enduring discontents' (conferentie, 1996), 109n; *vgl. Civilization and its Discontents / Das Unbehagen in der Kultur* (S. Freud)
Claessen, H.J.M., antropoloog, 83n
Cocteau, Jean, dichter, 62n
Collected Poems (Dylan Thomas), 138n
Columbus, C., 'ontdekker' van de Nieuwe Wereld *q.v.* vanuit Europa; pre-Columbiaans, 82n
Conus-schelp, 44n

Cory, I.P., 88; *vgl.* Sanchuniaton...
Coyote, 'Prairiewolf', Noordamerikaanse mythische figuur, *zgn.* 'Goddelijke Bedrieger', 112n; – en Raaf, 123n-124n
Cratylus (Plato), 116n
CREOLEN EN HOLLANDERS (V. February), 48n
Crusoë, Robinson, romanfiguur van D. Defoë, 91n, 170n
Cyclopisch, Mediterrane bouwmethode, Bronstijd, 11
Cycnus, Oudgriekse mythische figuur, bouwer met schedels, 15n
Cyprus, Cypers, 120n; *vgl.* Aphrodite
Cyrus, koning, vondelingschap in rietmand wordt hem toegeschreven, 89n; *vgl.* Mozes

Dagon, Phoenicische god, 118n; *vgl.* Oannes, **Ea**, E n . k i
Dante, *zie* Alighieri, D.
Dao De Dzjing ('Lao Tse'), 125n-126n
Daodejing: Making this life significant (R. Ames & D. Hall), 125n
Dar es-Salaam, hoofdstad van Tanzania, 42, 42n-43n
De Baan, P., letterkundige, 129n, 131n
De Bezige Bij, uitgeverij, 34n
De Cervantes Saavedra, Miguel, schrijver, 93n
De Clercqstraat, Amsterdam, 8n
De Clerq Zubli, E.W., letterkundige, 129n, 131n
de Flintstones, fictief prehistorisch gezin, 32n
DE GEEST IN DE FLES, Grimm-sprookje, 124n
DE HANDBAGAGE VAN AFRIKANISTEN (Wim van Binsbergen & Martin

Register

Doornbos), 48n
De Internationale, wereldwijd verbond van Socialisten / Communisten, m.n. eind 19e eeuw, 12, 12n
De la Fontaine, Jean, schrijver, 100n
De Liagre Böhl, F.M.Th., Assyrioloog, 164n
De Liefde, parochiekerk, Amsterdam, 8n
De Negerhut van Oom Tom zie Uncle Tom's Cabin
De Oude Sprookjes (J. Riemens-Reurslag), 41n
De Revisor (N. Gogolj), 132n
De Richelieu, kardinaal en staatsman, Armand J. du Plessis –, 171
De Roof van het Vrouwengeheim (F. Sierksma), 104n
De Sade, D., auteur, 11n; en Von Sacher-Masoch, 11n
De Slinger van Foucault, zie Il Pendolo di Foucault
De Vijf Toestanden (Chinese cosmologie van cyclische transformatie van elementen), 102n; vgl. Before the Presocratics
De Volkskrant, 92n
De Zeven Zusters, 105; vgl. Pleiaden, Zevengesternte
Defoë, Daniel, schrijver, 91n
'Degene van Wie de Top het Kenmerk is', zie Mwendanjangula
Deleuze., G., 97n; & F. Guattari, 122n; vgl. Descartes
Delhi, zie New Delhi
Delta, regio in Egypte, 97n
Den Besten, A., letterkundige, 129n, 131n
Den Haag, stad in Zuid-Holland, 119n, 129n, 131n, 164n
Denemarken, 115n
Dent & Sons, uitgeverij, 138n
Descartes, R., filosoof, 122n; – en Deleuze, 97n
Deukalion en Pyrrha,

Oudgriekse zondvloedhelden, 102n, 116n
Devoon, geologisch tijdperk, 17
Dido, legendarische koningin van Carthago, q.v., 32n
Die Fröhliche Wissenschaft (F. Nietzsche), 125, 125n
Diederichs, uitgeverij, 94n, 116n
Dilmun, legendarische plek in de Oud-Mesopotamische context, 165n; vgl. Baḥrayn
Dinky Toys, minatuurauto's als speelgoed, 93n
Dino, hond van de Flintstones, q.v., 32, 32n
Diomedes, Oudgriekse mythische figuur, bouwer met schedels, 15n
Dionysus, Dionysisch, Oudgriekse vegetatiegod, 64, 64n, 80n, 123n
Diop, Cheikh Anta, Senegalees fysicus en cultuurfilosoof, 45, 45n
Doelen, Rotterdamse concertzaal, 123
Dolhuys, Haarlem, 26; vgl. Leprozen
Don Quixote de la Mancha, romanfiguur en gelijknamig boek van De Cervantes, 93, 93n
Donner, Jan, staatsrechtgeleerde, 52, 52n
Dood, allegorische personificatie, 16, 40, 62n; vgl. Moeder Dood
Doornbos, Martin R., politicoloog, 48n
Doos, van Pandora, q.v., 89n, 101n, 104n,; vgl. Vat –
Drieëenheid, Christelijk (q.v.) geloofspunt, 88
Du Miel aux Cendres: Mythologiques II (C. Lévi-Strauss), 101n
Dubois, P.H., letterkundige, 129n, 131n
Dudamel, Gustavo, musicus,

123
Duitsland, Duits(er), 20, 33n, 82n; Zuid-, 19n; -Amerikaans, 107n
Dumuzi, Westaziatische vegetatiegod, 123n; vgl. Tammuz
Dusseldorf, stad in Duitsland, 116n
Dzjibriel, Jibril, aartsengel, 96, 96n; vgl. Gabriël
Dzjiwinda, 'Jager', Afrikaanse mythische gestalte, 104n

E., vriendin, 134, 134m
Ea, Mesopotamische god, 112n, 118n; vgl. E n . k i , Dagon
Eco, Umberto, schrijver / semioticus, 32n
École des Hautes Études en Sciences Sociales, Parijs, 30n
Edda, Poëtische – , 32n, 115n
Eden in the East (S. Oppenheimer), 119n
Een 10 voor de 10-ers [1964] (A. den Beste et al.), 129n, 131n
Een Lekker Sodemietertje (Wim van Binsbergen). 92n, 95n, 131n- 132n
'Eend', populaire benaming voor een auto van het merk Citroën, type 2CV, 28
Egeïsche, Zee, en – regio, 80n, 114n-115n; vgl. Griekenland, Middellandse Zee
Egypte, 75-76, 88, 33n-34n, 40n, 44n, 61n, 65n, 82n-83n, 95n, 97n, 101n, 107n, 112n, 114n, 185n, 188n; vgl. 'Zij van het Riet...',Hathor, Osiris, etc.
Ehlibeyt, Turks, 'welkom', 26
Einstein, A., fysicus, 177n
Eliza's Vlucht (B. ter Haar), 81, 81n; vgl. Beecher Stowe, Uncle Tom's Cabin
Elizabethsvloed, Middeleeuwse overstroming Centraal- en West-

Register

Nederland, 89n
Empedocles, Voorsocratische filosoof, 61n; *vgl. Voorsocratisch..., Before the Presocratics*
E n . k i , Mesopotamische watergod, 118n; *vgl.* **Ea**, Dagon, Neith, Yam, Leviathan, Tiamat
Encyclopaedia of Islam, 97n
Engel, hemelse boodschapper, 177; – des Heren, 75; *vgl.* Gabriël, Dzjibriel
Engeland, Engelsman, Engels, 19n, 46n, 89n, 91n, 104n, 111n, 138n; *vgl.* Verenigd Koninkrijk, Groot-Brittanië
Engels, Friedrich, industrieel en auteur, 104n; *vgl.* K. Marx
Enkidu, Mesopotamische romanfiguur, tegenspeler van Gilgameš, 164-165, 164n
Enoch, *Bijbel*se gestalte, 96n
Ephese, stad in West-Turkije, 118n
Epimetheus, Oudgriekse mythologische gestalte, 102n; *vgl.* Prometheus
Erikson, Erik, kinderpsychiater, 110n
Erlkönig-thema, 81n; *vgl.* von Goethe, Nabokov
Eskimoculturen, 115n
Esopus, fabeldichter, 100n; *vgl.* de la Fontaine
Essais de Theodicée sur la Bonté de Dieu (G.W. Leibniz), 125n
Ethiopië, Ethiopisch, 43n
Ethnicity in Mediterranean Protohistory (Wim van Binsbergen & Fred Woudhuizen), 96n, 165n
Eufraat, rivier in West-Azië; en Tigris, 120; bepalen samen Mesopotamië, *q.v.*, 120, 120n
Eurazië, Euraziatisch, *d.w.z.* Azië en Europa, en een van de voornaamste linguïstische macrophyla aldaar, 15n, 82n, 102n, 116n; en de Nieuwe Wereld, 116n
Euro, munteenheid, 12, 17, 12n
Europa, 'Wijdeblik', Phoenicische prinses ontvoerd door Zeus(als stier) naar het naar haar genoemde werelddeel / ook dat swerelddeel zelf, 12n, 17n, 62n, 81n-82n, 92n, 100n, 102n, 124n; en West-Azië, 82n; West- , 40n, 82n; Noord-West- , 115,
Europese Unie, 12n
Eurydice, 37-38, 63-64, 68, 63n-65n, 67n, 70n; *vgl.* Orpheus, *Orfeo*, Aristaeus
Eva, eerste vrouw volgens *Genesis*, 97, 65n, 95n, 97n, 167n
Evangelie, verslag van Jezus' leven in het *Nieuwe Testament*, 107n, 118n, 185n; *vgl. Bijbel*, Christendom, Jezus, *etc.*
Exodus, *Bijbel*boek, *q.v.*, 74-75
'EXPLORATIONS IN THE SOCIOLOGY AND HISTORY OF TERRITORIAL CULTS IN ZAMBIA' (Wim van Binsbergen), 174n
Eybers, Elisabeth, dichteres, 132n

Fatima, dochter van de Profeet Muḥammad, populaire Islamitische vrouwennaam, 53
Februari, maand, 36n
February, Vernie, letterkundige en dichter, 46-47, 49, 46n-48n, 50n
Fellini, Italiaans filmmaker, 20e eeuw, met een voorkeur voor gedrochtelijke personages; -*crew*, 171, groep filmspelers waarin deze voorkeur te herkennen is
First Contact (Murray Leinster), 111n
FLOOD STORIES FROM AROUND THE WORLD (Mark Isaak), 104n
Folies Bergères, nachtclub, Parijs, 50n
FOLK CHRISTOLOGY IN AFRICA (J.M. Schoffeleers), 81n
Fortinbras, toneelfiguur in *Hamlet*, Shakespeare, 98, 98n
Foucault, M., filosoof, 32n
Framingham, plaats in Massachusetts, V.S.A., 111n
Francistown, plaats in Botswana, 14, 14n
Frankrijk, Frans, 59, 128, 120n, 124n, 188n; Noordwest- , 19n; -Joods, 79n
Freud, Sigmund, psychiater en cultuurfilosoof, 110n, 184n
Fromm, Erich, psychiater en cultuurfilosoof, 107n
Fu Xi, Chinese god, 103n; *vgl.* Nu Wa

Gabriël, aartsengel, 96n, 177n; *vgl.* Jibrīl
Gaia, Oudgriekse godin van de Aarde, 61n; en Poseidon, 15n, 61n
Gallimard, uitgeverij, 110n, 140n
Garvey, Marcus, Afroamerikaanse emancipatietheoreticus, 45, 45n
Gautama, de Boeddha, *q.v.*, 44, 43n-44n
Geest, *zie* Heilige –
Geist, H., journalist, 11n
Gen., *zie Genesis*
Genadendal, plaats in de Kaapprovincie, Zuid-Afrika, 46-47, 51
Genesis, *Bijbel*boek, 76, 65n, 90n, 95n, 100n, 102n, 104n, 107n, 109n, 116n, 122n, 125n, 164n, 167n, 185n
Geomantiek, bepaald type over de gehele wereld verbreide waarzegkunst, 14n, 35n; *vgl. I Ching*, en *Before the Presocratics*
Georgica (Vergilius), 65n
Geraardsbergen, stad in

Register

Oost-Vlaanderen, België, 59, 59n; Muur van, 57n; *vgl.* Ronde van Vlaanderen
Gerhardt, Ida, dichteres en classicus, 114, 116, 114n-115n
Germanen, Germaans, etnische cluster en taalgroep, 115, 32n
Gezalfde, *zie* Messias
Gezelle, Guido, dichter, 115, 115n
Ghana, 44n-45n
Ghetto Nuovo, wijk, Venetië, 15n; *vgl.* Campo del –
'Giesberg', *zie* Geraardsbergen
Gilgameš, Mesopotamische romanfiguur, 164-165, 164n
Gimbutas, M., archeologe, 104n
Gluck, C.W., componist, 67n
God, denkbeeldig opperwezen, 16, 46, 53-55, 74-76, 123, 125, 170, 188, 32n, 54n, 8on, 82n, 9on, 93n, 102n, 116n, 118n, 121n, 125n, 174n, 177n, 185n; en Kaïn, 9on; – delijk Besluit, 54; – delijke Bedrieger, *zie* Raaf, Coyote; Goden, 185n; *vgl. Bijbel,* Godin, Christendom, Zoon van –, Islam, Mwali, Schepper, Hoge –
Godin, Grote, 119n; *vgl.* Meesteresse van de Wateren, Neith, Athena, Aphrodite, Nzambi, *etc.*
Goemede, *zie* Gumede
Gogolj, N., schrijver, 132n
Golgotha, traditioneel de plaats van Jezus' in de Evangeliën beschreven terechtstelling, 15, 15n
Gomorra, plaats in Palestina, 116n; *vgl.* Sodom
Gorter, Herman, dichter en socialistisch voorman, 67n; *vgl. Pan, Hogeschool der Poëzie*
Gossey, Marcel, 60
Gossey, Nicole, 57
Gothisch, Laatmiddeleeuwse stijlperiode in Europa, 11n

Graves, Robert, schrijver, 104n
Griekenland, Griek(s), 64, 61n-62n, 83n, 102n, 105n, 110n, 114n, 116n, 120n, 186n; – Bronstijd, 83n; Grieks-Romeinse, 15n, 20n, 65n, 184n
Grietje, *zie* HANS EN... –
Grimm, de Gebroeders J. & W., folkloristen en taalkundigen; auteurs / redacteuren van *Kinder- und Hausmärchen / Sprookjes van* –, 131, 27n, 94n, 100n, 124n
Groot-Brittanië, 92n, 96n; *vgl.* Engeland, Verenigd Koninkrijk
Grote Beer, constellatie, 25
Grote Kerk, Haarlem, 11n; *vgl.* St Bavo
GROTE KLAAS EN KLEINE KLAAS, Grimm-sprookje, 27n, 40n
Grote Markt, Haarlem, 11n
Guardians of the Land (J.M. Schoffeleers), 174n
Guattari, F., psychiater en filosoof, 97n, 122n; *vgl.* Deleuze
Guiné-Bissau, 183
Gumede, Smarts, waarzegger en herbalist, 14, 14n
Gwelo, plaats in Zimbabwe, 174n

Haarlem(s), plaats in Noord-Holland, 25, 86, 11n-13n, 15n, 25n, 27n, 29n, 34n, 47n-49n, 92n, 118n, 184n; -Centrum, 12n
Haarlemmermeer, 117n
Haarlems Dagblad, 11n
Hagrit, romanfiguur van J. Rowling, 63, 63n
Hak, fictieve Afrikaanse constellatie, 40, 40n
Hall, David L., Sinoloog, 125n
Ḥam, *Bijbel*se figuur, zoon van Noaḥ, 97
Hamlet, Prince of Denmark (W. Shakespeare), 98, 98n; *vgl.* Ophelia

*Handelingen der Apostelen, Bijbel*boek, 46n
HANS EN GRIETJE, sprookje van Grimm, 27
Hanser, uitgeverij, 125n
Harūn al-Rašīd, koning van Iraq in de vroege Middeleeuwen, 44, 43n
Hathor, ḤtḤr, 'Huis van Horus', Oudegyptische liefdesgodin, 76
Havamal, deel van de *Poëtische Edda, q.v.,* 32n
Hebreeuws, 75, 14n, 114n, 121n; *vgl.* Jiddisch, Jodendom, Semitisch, Arabisch
Heer, aanduiding voor God, 75-76; Heer Noaḥ, 96
Heeroom, 77n
Heidelberg, stad in Duitsland, 32n
Heilige Geest, 177, 177n
Heilige Mis, Rooms-katholiek ritueel, 7on
Heinlein, R.A., schrijver, 125n
Heinrichs, W.P., Islamoloog, 97n
Hellenisme, historische periode rond het Middellandse-Zeegebied en zeer wijde omgeving, 4e tot 2e eeuw vóór onze jaartelling, 118n
Heller, B., Islamoloog, 97n
HEMA, grootwinkelbedrijf, 12, 11n-12n
Hemel, 52, 61n, 65n, 111n; -bestormers, 93; Hemel, en Aarde, 61n, 65n, 111n, 123n; *vgl.* Aarde
Hemelrijk, o.m. restaurant te Geraardsbergen, 57
Hemelveerdegem, 'Hemelvaartsplaats,' dorp in Oost-Vlaanderen, België, 57, 57n
Henry, M., theoloog, 75
Hephaestus, Oudgriekse god van vuur en kunsthandwerk, 186n
Herakles, Oudgriekse halfgod, 61; en Antaeus, 61n

199

Register

Heraklítus / Herakleitos, Voorsocratische filosoof, 116, 116n
Hermans, W.F., schrijver en fysisch geograaf, 34, 34n; vgl. Otterspeer, en: '...Als je negers op een afstand ziet...'
Hermes Trismegistus, pseudo-epigraphisch auteur, Late Oudheid, 32; *Hermetica*, 32n; vgl. Hermes Trismegistus
Hesiodus, Oudgriekse mythograaf, 116n, 120n
Het Boek der Veranderingen, zie *I Ching*
Het Gilgamesj Epos (F. de Liagre Böhl), 164
Het Gouden Dorp Dat in de Lucht Hing, apocrieve benaming, 41, 43; vgl. HET GOUDEN SLOT –
HET GOUDEN SLOT DAT IN DE LUCHT HANGT, sprookje, 41, 43, 41
HET MENSELIJK GELAAT (E. Levinas), 79n
HET VEER (M. Nijhoff), 82n
Het Zijnde, 96n, 110n; het niet-zijnde, of nog-niet-zijnde, 98, 110, 24n, 125n
Hexagram, zesregelig symbool voor Chinese divinatiecategorieën, 63n; vgl. *I Ching*
Hoag, Jonathan, romanfiguur van R.A. Heinlein, 125n
HOGAN (Wim van Binsbergen), 184n
Hoge God, 174n; vgl. God
Hogeschool, traditionele benaming voor paardennummer in het circus, 153; [*Hoge-*]*school der Poëzie* (H. Gorter), 153
Holland, Holland(s), Hollander, 53-54, 48n
Hollandia, uitgeverij, 41n
Holocaustmonument, 15n; vgl. Jodendom, Campo del...
Holt, Rinehart & Winston,
uitgeverij, 107n
'Homerus', dichter, 114n-115n
Horus, Oudegyptische hemelgod
Hoyle, Fred, astronoom, 126n
Hugenoten, Franse Protestanten, 120n; vgl. Bartholomeüsnacht
'Huis van Vrede', zie Dar es-Salaam
Humbaba, Westaziatische god, 164n
Ḥussayn, Ṣaddam, 120n
Hyperspace, 97n

I Ching, 'Het [Klassieke] Boek der Veranderingen', Chinese wijsheidstekst, 63, 63n; Wilhelm, R., als – exegeet R, 116n; vgl. *Before the Presocratics*
Idrīs, legendarische Islamitische figuur, 96n
Iḫnuḫ, legendarische Islamitische figuur, 96, 96n; vgl. Idris
IJzeren Weg, Vlaams: 'spoorweg', 59
Il Pendolo di Foucault (Umberto Eco), 32n
In de Knipscheer, uitgeverij, 47n-49n, 184n
Ina, romanfiguur, echtgenote van Paul Vlaanderen, 32, 32n
Inanna, Mesopotamische liefdesgodin, daalt af in de onderwereld, 70, 164n; vgl. Eurydice, Aphrodite
Inca, pre-Columbiaans volk en koningstitel in Zuid-Amerika, 30, 162
India, Indiase, 88, 43n; vgl. Wishnoe, Mani, Boeddha, Indra
Indische Oceaan, 44n
Indo-Europees, taalfamilie, 122n
Indonesië, 119n
Indra, Indiase godhead, 80n
Inferno, 'De Hel' (Dante Alighieri), 47n; vgl. Dante
Instituut voor Culturele
Antropologie, Leiden, 83n
Intelligent Design, 92, 92n
Intercultural Encounters (Wim van Binsbergen), 118n
Intergalactisch, 'tussen de melkwegsteldsels'; –e *Móskérk [= Moskee + Kerk] der Wielrijders*, fictieve religieuze organisatie waarin de herinnering aan de samen op één rijwiel reizende Theo van Gogh en Mohammed B. in ere wordt gehouden, 55
Internet, 94n
Iokaste, Oudgriekse mythische figuur, moeder van Oedipus, q.v., 110
I-phone, ooit als geavanceerd beschouwd type mobiele telefoon, 94n
I-pod, ooit als geavanceerd beschouwd type draagbare muziekspeler, 90, 125, 90n
Iran, Iraans, 83n, 105n; vgl. Perzië
Iraq, Iraqees, 92-93; vgl. Mesopotamië; –oorlog, 92n, 120n
Isaak, Mark, comparatief mytholoog, 104n; vgl. Zondvloed
Ištar, Mesopotamische liefdesgodin, 70n; vgl. Inanna
Isis, Oudegyptische godin, 35n; – en Maagd Maria, 35n
Islam(itisch), Moslim, 92, 11n, 43n, 46n, 52n-53n, 91n, 97n, 151n; en het Noordatlantische gebied, 92n; vgl. Islamisme, Profeet Muḥammad; Islamisme, hedendaagse politiek-radicale mutatie van de Islam, 53n, 92n; vgl. Mohammed B., Theo van Gogh, al-Qaeda, Boko Haram, Islamitische Staat
Islamitische Staat, terreur-

200

Register

beweging, 92n
Isolde, literaire figuur, 170n; vgl. Tristan
Ispahaan, stad in Perzië, 62n
Israël, 48n
Italië, 32n, 109n; vgl. Rome, Vaticaan, Venetië
Izanagi, Japanse oergod, 100n; vgl. Izanami
Izanami, Japanse oergodin, 100n; vgl. Izanagi

Jacob, Bijbelse figuur, worstelt met God of diens plaatsvervanger aan de oever van de Jabbokstroom, 76; –sladder, verbinding tussen Hemel en Aarde door – in droom waargenomen, Genesis 28:12 (ook attribuut van Oudegyptische god Seth, q.v.), alsmede specifieke touwtjesfiguur, 104n
Jager, 40n, 104n; vgl. Orion
Jan 23, zie Johannes XXIII
Jantje, fictieve zoon van niet nader gespecificeerde Haagse graaf, 118
Japan(s), Japanner, 171, 64n-65n, 109n; Oud-, 100n
Japhet, volgens Genesis 10 zoon van Noah en broer van Ham en Shem, 96n
Jason, legendarische leider der Oudgriekse Argonauten, luipaardveldrager, 80n
Jena, plaats in Duitsland, 116n
Jeruzalem, plaats in Palestina, 20n
Jezuïetenorde, S.J., 'Societeit van Jezus', Rooms-katholieke kloosterorde, 21n; vgl. Teilhard de Chardin, Van Kilsdonk
Jezus van Nazareth, stichter van het Christendom, q.v., 14n-15n, 20n, 61n, 70n, 82n, 118n, 123n, 177n; beschouwd als de Christus, q.v., 61n; als kind, 190, 81n

Jibrīl, 96n; vgl. Gabriël
Jiddisch, Duits-Hebreeuwse taalvariant, 14n, 16n
Jodendom, Joden, Joods, 14n-15n, 17n, 48n, 132n; Chassidisch (q.v.) – in de Verenigde Staten van Amerika, 14n; – wijk, 15n; Joods Lyceum Maimonides, Amsterdam, 132n; Joods-Christelijk, 76, 167n; vgl. Jiddisch, Mozes, Talmoed, Genesis, Bijbel
Johannes, naam van diverse figuren rond het vroegste Christendom, 118, 70n, 118n, 123n; – de Doper, 118n; Johannes, Evangelie van –, 107n, 185n, vgl. Bijbel; –, rituele naam van Wim van Binsbergen (q.v.) als Zuidelijk-Afrikaans geestesmedium, 118n; vgl. Johannes XXIII
Johannes XXIII, Paus (q.v.), 44, 47, 44n
Jonas, Israëlitische profeet die in een walvisbuik belandde, 121, 121n
Jongedichterskring, 144n
Jordaan, Jordanees, wijk te Amsterdam, 174, 120n, 133n
Journal of African Religion, 8n
Julianaziekenhuis, Amsterdam, 8n
Jung, C.G., psychiater en cultuurfilosoof, 98n, 184n; vgl. Archetypen, Bodkin, Freud
Juul (Jules), mannennaam, 59

Kaapprovincie, Zuid-Afrika, 46n
Kadmos, 116n
Kaïn, volgens Genesis zoon van Adam en Eva, q.v., door God gebrandmerkte eerste moordenaar, 90, 183, 90n
Kalahari, woestijn in Zuidelijk Afrika; naam van tak van het Tswanavolk, 114n

Kameroen, 74, 76
Kampala, hoofdstad van Oeganda, 43, 43n
Kana, stad in Oud-Palestina, 70n
Kapuscinski, R., journalist, 43n
Kathedrale Basiliek, Haarlem, zie St Bavo
Kaukasus, Kaukasisch, hooggebergte in Zuid-Oost-Europa, 42n, 102n
Kegan Paul International, uitgever, 83n, 151n
Kenyatta, J., eerste President van Kenya, 45
Keulen, stad in Duitsland, 116n
Kgalagadi, zie Kalahari
Khoi-San, taalkundig complex, Zuidelijk- en Oost-Afrika, 122n
Kinder- und Hausmärchen (Gebr. Grimm), 94n
King, Martin Luther, dominee, V.S.A., Zwarte activist, 45, 45n
Kinkerbuurt, Amsterdam, 8n
Kleurlingen, etnische groep in Zuid-Afrika, 46n; vgl. Afrikaans, V. February
KLM, Koninklijke Luchtvaart Maatschappij, 133n
Klopsignalen (Wim van Binsbergen), 47n, 8n
Koan, 124n
Koekemakranke (E. van den Berg & Tiny Kraan), 46, 46n
Koekoeksjong, 95n
Kojiki, klassieke Japanse tekst, 64n
KRAAIEN BOVEN EEN KORENVELD (Vincent van Gogh), 187n
Kraan, Tiny, antropologe en letterkundige, 46
Kreta, eiland in de Middellandse Zee, 114n
Krijt, geologische periode, 17n
Kronos, Oudgriekse god, 102n, 120n, 160n; vgl. Saturnus, Zeus
Kurhaus, hotel te Scheveningen, Zuid-Holland, 120,

Register

119n-120n
Kwantummechanica, 123n

La Divina Commedia (Dante Alighieri), 47n
La Mancha, regio in Spanje, 93, 93n
Laatste Oordeel, Christelijk (en Islamitisch) geloofspunt over het einde der tijden, 90
Lachen in een Leeuw (Kees Stip), 50n
Ladder, fictief Afrikaans sterrenbeeld, 40, 40n
Lagos, stad in Nigeria, 43, 43n
La Mère Dévorante (D. Paulme), 110n
Land, cosmogonisch mythisch begrip, 107, 19n, 61n, 65n, 95n, 98n, 100n, 110n-111n, 122n, 174n; *vgl.* Water, Meesteres van de Oerwateren, Minnaar
Land's End, uiterste Westen van Engeland, 19n
Latijns schrift 46
Le Phénomène Humain (P. Teilhard de Chardin), 91n-92n
LE SACRE DU PRINTEMPS, balletmuziek door Stravinsky, 123
Lecomte, G., Islamoloog, 97n
Leeftocht (Wim van Binsbergen), 49n, 147n, 170n, 181n
Leibniz, G.W., filosoof, 92n, 125n
Leiden, Leids, stad in Zuid-Holland, 46n-48n, 83n, 97n
Leidsevaart, Haarlem, 13, 11n, 13n
Leinster, Murray, schrijver, 111n
Lemaître, G., Rooms-katholiek kanunnik en astronoom, 124n
Leopold, J.H., dichter, 114n
Leprozen, Vroegmodern complex te Haarlem, 26n
Lessen / Lessine, plaats in België, 59n
Leviathān, *Bijbels* watermonster, 107n, 121n; *vgl.* Yam, Tiāmat, Neith
Levinas, Emmanuel, filosoof, 79n
Lévi-Strauss, C., antropoloog, 101n
Lewanika, Lozi koning, 44, 44n
Limburg(s), regio, 78, 33n, 77n, 79n
LIT, uitgever, 118n
Lodeizen, Hans, dichter, 135n
Lombroso, Cesare, crimino-loog, 17n
Londen, plaats in het Verenigd Koninkrijk, 43, 88, 83n, 98n, 119n, 134n, 138n, 151n
Louteringsberg, *zie Purgatorio*
Lozi, volk in Westelijk Zambia, 44n
Lubavicher Rebbe, Chassidische leider in V.S.A., 14, 43, 14n-15n; en Caesar, 43
Lucas, *Bijbel*boek, 123n
Lusaka, hoofdstad van Zambia, 43, 74, 43n
Luthuli, Albert, volkshoofd, politiek activist en Nobelprijswinnaar, 45, 45n
Luwe, generieke naam voor (links / rechts) eenzijdig mythisch wezen, 82n; LUWE UND VERWANDTE GESTALTEN (H. von Sicard), 82n
Luweji, *zie Roeweedzj*
Luxembourg-park, Parijs, 31, 30n-31n

Maagd, zodiakaal sterrenbeeld, 17, 35, 17n, 35n; -elijk, als eigenschap van de scheppingsgodin / Meesteresse van de Wateren (*q.v.*), 95n, 98n, 110n, en van Maria de Moeder van God, 35n; *vgl.* Spica
Maan, hemellichaam, 165n
Ma ͨat, Oudegyptische godin van evenwicht, 114n
Machèl, S., Mozambikaans leider, 45, 45n
Machiavelli, Niccolò, auteur, 171
Machtige Moeders (H.J.M. Claessen), 83n
Madurodam, miniatuurstad bij Scheveningen, Zuid-Holland, 117n
Magere Brug, Amsterdam, 150
Maginotlinie, Oostfranse verdedigingslinie, 19, 19n
Mahomet, *zie Muḥammad*
Maimonides, leidende Joodse filosoof van de Middelleeuwen, en naam van Joods Lyceum te Amsterdam, 132n
Malawi, 74, 82n-83n
Mali-rijk, in Middeleeuws West-Afrika, 44n
Mambo Press, uitgeverij, 174n
Mandela, Nelson, eerste Zwarte President van Zuid-Afrika, 49n
Mani, eerste mens volgens Indiase traditie, zondvloedheld, 119n
Manor Books, uitgeverij, 93n
Manteau, uitgeverij, 164n
Mapes Dodge, Mary, schrijfster, 117n; *vgl.* Hans Brinkers, Peter
Marduk, Babylonische zonnegod, 107n
Maria, Maagd en Moeder van God in de Christelijke traditie, 53, 35n; - Boodschap, 177n; *vgl.* Gabriël
Mars, *zie Ares*
Masja, visachtige avatar van Indiase god Wisjnoe, 119n; *vgl. Mani*
Matisse, Henry, schilder, 188, 188n
Matoposheuvels, regio in Zimbabwe, centrum van de Mwalicultus, 174n
Mattheüs, Evangelie, 20n, 123n, 177n; *vgl. Bijbel*
Mbona, Malawiaanse vegetatiegod, 74, 82, 82n-83n; *vgl.* Schoffeleers, Beneden-Shire-Vallei

Register

Mediterraan, *zie* Middellandse Zee
Meesteres der Oerwateren, 101, 120, 65n, 105n, 107n, 114n, 119n-120n
Melkweg, 40
Menelaos, Spartaanse held voor Troje, echtgenoot van Helena, 80n
Menes, legendarische eerste koning van Egypte, 34n
Menuhin, Yehudi, violist, 132, 132n
Mercure de France, uitgeverij, 128
Merhaba, Turks, 'welkom', 26
Meshiach, *zie* Messias
Mesopotamië, 88, 120n-121n; en Phoenicië, 118n
Mesozoïcum, geaggregeerde geologische periode, 17n
Messias, 'Gezalfde', 14n
Microcosmic God (T. Sturgeon), 93n
Middellandse Zee, 26, 17n; – gebied, 11n, 17n, 93n, 96n, 165n, 185n; – , Bronstijd, 86
Midden-Oosten, 80n; *vgl.* West-Azië
Mille Plateaux: Capitalisme et Schizophrénie (G. Deleuze & Félix Guattari), 122n
Millennium, 14
Miller, Stanley, scheikundige, 126n
Minister van Financiën, 91n; *vgl.* Wouter Bos
Minnaar, eigenschap van Land als junior scheppingsgod, t.o.v. de Meesteresse van de Oerwateren, 98n; *vgl.* Land, Achilleus
Minuit, uitgeverij, 122n
Mithrasdienst, Late Oudheid, 118n; en Christelijke eredienst, 118n
Moeder, – Dood, 68; – van de [Oer-]Wateren, *zie* Meesteres –
Moedergodin, 190n; *vgl.* God
Mohammed B., *zie* B.

Mokum, *zie* Amsterdam
Monroe, Marilyn, actrice, 30n
Moravische Broeders, zendingsgenootschap, 46
Moren, Moors, bevolking van Noord-West-Afrika en (vooral tussen de 8e en 16e eeuw van de Westerse jaartelling) van het Iberisch schiereiland, 93n
Morgenster, 70n
Moskou, hoofdstad van de Russische Federatie, 43
Moslim, *zie* Islam
Mozambique, 45n
Mozes, stichter van het Jodendom, 74; rietvondeling, 89n
Muḥammad, Profeet, 92, 92n-93n, 96n; *vgl.* Islam
Mulisch, Harry, schrijver, Nobelprijs 2025 (posthuum), 32, 32n
München, stad in Duitsland, 94n, 125n
Munster, stad in Duitsland, 118n
Murray, Margareth A., Egyptologe / folkloriste, 83n
Muur, *zie* Geraardsbergen
Mwali, Hoge God, Zuidelijk Afrika, 80n, 174n
Mwalimo, Swahili: 'leraar', bijnaam van J. Nyerere, 40, 45, 45n
Mwendanjángula, in Zuid-Centraal- en Zuidelijk-Afrika: slangachtig mythisch wezen geassocieerd met de Hemel (*q.v.*), God, (*q.v.*), Schepper (*q.v.*), 82n; *vgl.* 'Degene van Wie...'

'Naam', *vgl.* Shem
Nabokov, W.W., schrijver en letterkundige, 81n, 98n, 138n; *vgl. Pale Fire*
NACHTBUS (Wim van Binsbergen), 81n
Nassaukade, Amsterdam, 47
Nazareth, plaats in Palestina, 20n, 123n
Nederland(s), Nederlander, 74-76, 92, 115, 180, 12n, 14n, 19n, 26n, 32n, 34n, 40n, 42n, 46n-47n, 52n, 79n, 81n-82n, 89n-93n, 104n, 114n-115n, 117n, 119n, 129n, 131n-133n, 170n; Noord-, 190n
Neith, Oudegyptische godin van de Water en de Hemel, 107n
Neolithicum, Neolithisch, 104n, 114n, 119n-120n, 122n; – en Bronstijd, 120n
New Age, geestesstroming van deze tijd, 17, 17n
New Delhi, hoofdstad van India, 43
New England Science Fiction Association, uitgeverij, 111n
New Orleans, stad in de V.S.A., 92, 92n
New Perspectives on Myth (Wim van Binsbergen & Erik Venbrux), 15n
New York, stad in V.S.A., 81n, 93n, 104n, 107n, 117n, 125n
Nganga, in Bantoetalen: 'waarzegger-genezer', 81n
Nietzsche, Friedrich, classicus / filosoof, 125n
Nieuwe Testament, 20n, 118n; *vgl. Bijbel*
Nieuwe Tijd, wereldhistorische periode na de Middeleeuwen, 44n
Nieuwe Wereld, de beide Amerikaanse continenten, 45n, 102n, 122n; en de Oude Wereld, 112n; *vgl.* Amerika
'Nieuwe IJzergieterij', *zie* Ghetto Nuovo
Nieuw-Zeeland, Zuidereiland, 90n
Niger-Congo, linguïstisch macrophylum waartoe ook de Bantoetalen behoren, 122n
Nigeria, 32n, 43n
Nijgh & Van Ditmar,

Register

uitgeverij, 129n, 131n
Nijhoff, Martinus, dichter, 81n-83n, 114n
Nijl, rivier, 101; -vallei, 97n; en Delta, te Egypte (*q.v.*), 97n
Njoewe Eedzj, zie *New Age*
Nkoya, volk in Westelijk Zambia, 44, 15n, 33n, 44n-45n, 65n, 83n, 101n, 104n, 112n, 115n, 151n; -recht, 23n
Nkrumah, Kwame, eerste President van Ghana, 45, 45n
Noaḥ, *Bijbel*se zondvloedheld, 96, 96n-97n, 100n, 102n, 111n, 121n, 123n, 164n
Nobelprijs, 45n; *vgl*. Luthuli
Nóeach, Noech, zie Noaḥ
Nokia, fabricant van gebruikselectronica, 94
Nooit Meer Slapen (W.F. Hermans), 34n
Noordatlantisch gebied, 92n; *vgl*. Westers
Noord-Brabant, 61, 61n
Nostradamus, Franse occultist in de Vroegmoderne tijd, 17, 17n
Nubia, Nubisch, 'Goudland', Noord-Soedan in Oudegyptisch perspectief, 44n
Nyerere, Julius, eerste president van Tanzania, 40, 42n-43n
Nzambi, Westafrikaanse Hoge God, 105n

O'Kane, uitgever, 117n
Oannes, Mesopotamische cultuurheld, 88, 121, 118n-119n
Obergammergau, plaats in Beieren, Duitsland, 82n
Oceanië, cultuurgebied van de Stille Oceaan tussen Oost- en Zuid-Oost-Azië, Australië en de Nieuwe Wereld, 95n-96n, 105n, 165n
Odin, Germaanse god, 32, 32n
Odyssee ('Homerus'), 115n
Odysseus, romanfiguur bij 'Homerus', 83n
Oedipus, Oedipaal, 67n, 98n, 102n, 110n; *vgl*. Iokaste, Freud
Oeganda, 43n
Oeranos, Oudgriekse scheppingsgod, 102n, 120n
Oerwateren, 105, 120, 95n, 100n, 105n, 107n, 110n, 112n, 114n, 119n-122n; *vgl*. Meesteres der –
One World, wereldwijd popconcert, 187
Oordeel, zie Laatste –
Oosten, Oude Nabije –, 83n, 107n, 111n-112n, 164n
Oosterpark, Amsterdam, 54
Oparin, Alexander, scheikundige, 126n
Openbaring, *Bijbel*boek, 90
Ophelia, toneelfiguur uit Shakespeare's *Hamlet*, *q.v.*, 98, 98n
Oppenheimer, S., geneticus / kinderarts, 119n
Orfeo ed Euridice, opera van C.W. Gluck, 67n; *vgl*. Orpheus, Eurydice
Orion, constellatie, 25, 40, 40n; *vgl*. Jager
Orpheus, legendarische Oudgriekse zanger en Argonaut, luipaardveldrager, 64n, 80n
Osiris, Oudegyptische vegetatiegod, 82, 97, 33n, 40n, 80n, 82n, 97n, 123n
Otterspeer, W., historicus en W.F. Hermans-biograaf, 34n
Oud-Babylonië, zie Babylonië
Oude Nabije Oosten, Mesopotamië en omgeving, 83n, 107n, 111n-112n, 164n; *vgl*. Oosten, Egypte, Babylonië, Soemer, Eufraat, Tigris
Oude Wereld, de continenten Afrika (*q.v.*), Azië (*q.v.*) en Europa (*q.v.*), 82n, 101n-102n, 112n, 120n-121n, 125n; – en Nieuwe Wereld, 105n
Oud-Egypte, zie Egypte
Oudenberg, heuvel bij Geraardsbergen, België, pelgrimscentrum, 57, 57n
OUDERS (Wim van Binsbergen), 170n, 181n
Oudheid, Late, 32n
Overboelare, plaats bij Geraardsbergen, België, 59n
Overspel: Gedichten voor Martha 1979-1982 (Wim van Binsbergen), 38
Oxford, stad in Engeland, 96n,
Oxford University Press, uitgeverij, 98n

Pale Fire (W.W. Nabokov), 81n, 98n, 138n
Paleolithicum, archaeologische periode vanaf begin van de mensheid tot ca. 10.000 jaar geleden, 40n, 124n; Midden- , 80n; Laat – , 65n, 106n, 111n-112n, 188n, met name in Centraal-Azië en in Oostazië, 112n; – in Europa, 112n; Laat – tot Bronstijd, 80n
Paleozoïcum, geaggregeerd geologisch tijdperk, 17n
Palmzondag, Christelijke feestdag, zondag voor Pasen, memoreert Jezus' met palmtakken omkranste intocht, volgens de Evangeliën, in Jerusalem enige dagen voor zijn dood, 171
Pan (Herman Gorter), 67n
Pandora, Oudgriekse mythische figuur gemaakt in opdracht van Zeus als straf voor de mensheid, 121, 89n, 101n-102n, 104n; *vgl*. Doos / Vat van –
Pangolin, gordeldier, 159
Papers in Intercultural Philosophy and Transcontinental Comparative Studies, 15n
Parijs, stad in Frankrijk, 30-31, 128, 30n-31n, 50n, 101n,

Register

11on, 12on, 122n, 14on; boulevard, 31
Paris, Trojaanse prins, minnaar van Helena, 8on
Paroles (Jacques Prévert), 14on
Partij van de Arbeid, 9in
Pater Moderator, 132n
Paulme, Denise, folkloriste, 11on
Paus, hoofd van de Rooms-katholieke kerk, *vgl.* Johannes XXIII
Peere (Vlaams), 'Père', 'Vader', 59
Peking, hoofdstad van China, 43
Pelasgen, Pelasgisch, hypothetische etnische en culturele cluster in protohistorie van de Oude Wereld, 65n
Penelope, koningin van Ithaca, romanfiguur van 'Homerus', 83n; *vgl.* Odysseus
Pentagon, militair hoofdkwartier van de V.S.A., 94, 94n
Peperzak, A., filosoof, 79n
Perm, geologisch tijdperk, 17
Persephone, Oudgriekse godin van de Aarde en de Onderwereld, 123n
Perzië, Perzisch, 88, 62n, 95n; *vgl.* Iran
Perzische Golf, 118n, 165n
Peter, alterego van Hans Brinker, *q.v.*, 117n
Phaedrus (Plato), 82n
Phoenicië, Phoenicisch, 88, 17n, 116n, 118n; *vgl.* Carthago, Europa
Pianchi, Zwarte farao, 44, 44n
Pickering, uitgeverij, 88
Piggelmee, romanfiguur, 119n; *– en de Wonderschelp*, 119n; *– en het Tovervisje*, 119n
Pinksteren, Christelijk feest van de nederdaling van de Heilige Geest (*q.v.*), 46n
Pisces, zodiakale constellatie, 35, 35n-36n
Plato, filosoof, 82n, 116n; *vgl.*

Cratylus, Phaedrus
Pleiaden, constellatie, 105n; *zie* De Zeven Zusters, Zevengesternte
Plon, uitgeverij, 101n
Polderbitter, fictief merk gedistilleerd, 174
Polen, Pools, 43n
Portugal, 171
Poseidon, Oudgriekse god geassocieerd met de zee en met Athena, 114, 15n, 61n, 114n, 120n; *vgl.* Gaia (Antaeus is haar zoon met –)
Potter, Harry, romanfiguur van J.K. Rowling, 63n
Prairiewolf, *zie* Coyote
Pretoria, hoofdstad van Zuid-Afrika, 43, 49, 43n, 46n
Prévert, Jacques, dichter, 140, 140n
Prins Carnaval, 92, 92n; *vgl.* Bush Jr, W.
Prof. Dr Vernon Februaryweg, fictieve straatnaam, 47
Profeet, *zie* Muḥammad
Prometheus, Oudgriekse mythische figuur, 101, 121, 102n
Propolis, bijenproduct (*q.v.*), 62n
Protestantisme, Protestant, 11n; *vgl.* Christendom, Bartholomeüsnacht
Purgatorio (Dante Alighieri), 47, 52, 47n
Putnam, uitgeverij, 81n
Pyrrha, Oudgriekse zondvloedheldin, 102n, 116n; *vgl.* Deukalion

Quest: An African Journal of Philosophy, 6in
Qur'ān, de heilige tekst van de Islam, 46n, 96n; *vgl.* Muḥammad, Dzjibriel

Raaf, Noordamerikaanse mythische figuur, Goddelijke Bedrieger, 123n-124n; *vgl.* Coyote

Raaks, Haarlem, 11, 13, 11n, 13n
Raᶜ, Oudegyptische zonnegod, 107n, 188n
Radio Nederland Wereldomroep, 40n, 133n
Ram, zodiakale constellatie, 35, 35n
Regenboogslang, mythische figuur, 17, 101n, 104n; *vgl.* Mwendanjangula
Reinaerd de Vos, fabelfiguur, 112n
Religious Change in Zambia (Wim van Binsbergen), 151n
Remus, 90n
Rendiertijd, 124n; *vgl.* Paleolithicum, Laat-
Riemens-Reurslag, J., schrijfster, 41n
Rietveen, Harmen, 129n, 131n; ps. Wim van Binsbergen, *q.v.*
Rilke, R.M., dichter, 180
Rimbaud, Arthur, dichter, 31, 128
Robinson Crusoë, romanfiguur van D. Defoë, 91n, 170
Roeweedjz / Luweji, legendarische Zuidelijk-Centraalafrikaanse koningin, 104n
Rome, Romeins, stad en keizerrijk met name in de Oudheid, 86, 20n, 43n, 47n, 90n-91n; *vgl.* Roomskatholicisme, Grieks-Romeins, Vaticaan
Romulus, 90n
Ronde van Vlaanderen, wielerevenement, 57n
Rooms-katholicisme, Rooms-katholiek, Christelijke (*q.v.*) gezindte, 74, 76, 11n, 44n, 57n, 61n, 70n, 77n-78n, 81n, 92n, 101n, 118n, 132n; *vgl.* Rome, Paus, Jezuïeten
Rot, A., letterkundige, 129n, 131n
Rotterdam(s), stad in Zuid-Holland, 22, 123, 129n, 131n
Rowling, J.K., schrijfster, 63n

205

Register

Ruska, J., historicus, 32, 32n
Rusland, Russisch, 126n
Ruting, Jos., illustrator en schrijver, 41n

S.M., 'sado-masochisme', sexuele aberratie gericht op pijnigen en pijn ondergaan, 11, 11n; *vgl.* Von Sacher-Masoch, De Sade *Sacre du Printemps*, 123; *vgl.* Strawinsky
Saegerman, André, 39
Saegerman, Marc, 190
Saegerman, Patricia / Trecy, 38, 63, 74, 161, 63n, 70n, 79n
Sahara, woestijn in Noordelijk Afrika, 40n, 80n, 123n, 174n
Samsung, fabricant van gebruikselectronica, 94
Samurai, Japanse krijger, 109n
Sanchuniaton: Ancient Fragments of the Phoenician, Chaldaean, Egyptian, Tyrian, Carthaginian, Indian, Persian and Other Writers, with an Introductory Dissertation and an Inquiry into the Philosophy and Trinity of the Ancients (I.P. Cory), 88
Sangoma, Zuidelijk-Afrikaans geestesmedium, 116n, 122n, 173n; *Sangoma Science* (Wim van Binsbergen), 116n, 118n, 122n
Sargon, naam van twee koningen in de Oude geschiedenis van Mesopotamië, 89n; één van hen werd als rietvondeling beschouwd
Satana, Westaziatische moedergodin, 42n
Saturnus, Romeinse god en planeet, 160, 160n; *vgl.* Kronos
SATYR EN CHRISTOFOOR (M. Nijhoff), 81, 81n
'Save Changes Before

Closing', vroege computeruitdrukking, 34
Schadee, B., letterkundige, 129n, 131n
Schedelhoop, *vgl.* Golgotha, Diomedes, Antaeus
Schepper, cosmogonische gestalte, 92n; Scheppingsgodin, maagdelijk, 98n
Scherpenheuvel, uitgeverij, 50n
Scheveningen, plaats in Zuid-Holland, 119n
Schlechta, K., filosoof, 125n
Schneewittchen, zie Sneeuwwitje
Schoffeleers, J.Matthijs / Matthieu, antropoloog en priester, 74, 76-77, 84, 54n, 78n-79n, 81n-83n, 174n
Schotersingel, Haarlem, 25-27, 27n
Schuchard, Max, vertaler, 134n
Schwarzwald, Schwarzwälder, regio in Duitsland, 19-20, 19n
Schwesterchen, zie BROERTJE...
St Sebastiaan, 82, 82n; *vgl.* HET VEERHUIS, Nijhoff
Selassie, Haile, keizer van Ethiopië, 43n
Sem, zie Shem; *vgl.* Semitisch
Semitisch, taalgroep, *vgl.* Hebreeuws, Egyptisch, Arabisch; West-, 114n
Senegal, Senegalees, 45n
Seth, Oudegyptische chaosgod, 97, 33n, 97n, 112n
Sfinx, Oudegyptisch fabeldier, 110, 110n
Shakespeare, W., toneelschrijver en dichter, 98n
Shango, Yoruba-god, West-Afrika, 32n
Shell, oliemaatschappij, 17, 17n
Shem, Šm, 'Naam', legendarische *Bijbel*se figuur, volgens *Genesis* zoon van Noah en broer van Ham en Japhet, 96n

Shikanda, uitgeverij, 34n, 92n
Shimmerings of the Rainbow Serpent (Wim van Binsbergen), 104n
Shire, *zie* Beneden-Shire-Vallei
Shu, Šw, Oudegyptische luchtgod, 61n
Siddharta, de Boeddha, *q.v.*
Sidgwick & Jackson, uitgeverij, 83n, 119n
Sierksma, F., godsdienstfenomenoloog, 104n
Siluur, geologisch tijdperk, 17
Sino-Tibetaans, taalfamilie binnen het Sino-Caucasische macrophylum, 122n
Sinterklaas, Nederlands folkloristisch masker, 54
Sjem, zie Shem
Slang, zie Regenboogslang
Šm, zie Shem
Sneeuwwitje, sprookjesfiguur van Grimm, 94n
Socialisme, 42n; *vgl.* Gorter, Afrikaans –
Socrates, *zie* Voorsocratische filosofie
Sodom en Gomorra, *Bijbel*se plaatsen, toneel van vurige zondvloed, 116n
Soedan, Noord-, 44n
Soefisme, mystieke richting binnen de Islam (*q.v.*); in het Midden Oosten, 80n
Sumer(isch), oudste geletterde cultuurlaag in Mesopotamië, *q.v.*, 70n, 112n, 118n, 164n
Sunjatta, Westafrikaanse legendarische koninklijke figuur, 44, 43n
Soetech, zie Seth
Spaarndam, plaats in Noord-Holland, 117n
Spanje, Spaans, 25, 28, 93n
Spica, ster, α Virginis, 35n
Spin, als scheppingsgodin en weefster, 105; *vgl.* Neith, Athena, Anahita
St Bavo, twee kerken te Haarlem, 11; Kathedrale Basiliek, Haarlem, 11n

Register

St Bavoschool, Amsterdam, 8n
St Christoffel, *zie* Christoffer
St Nicolaaslyceum, Amsterdam, 132, 132n
St Vitusdans, beztenheid aanzettend tot repetitieve bewegingen, 78
St Willibrordvertaling, 75; *vgl.* Bijbel, Rooms-katholicisme
Stichting voor de Letteren, Nederlands / Vlaams, 47; *vgl.* V. February
Stier, zodiakale constellatie, 17, 35, 17n, 35n; *vgl.* Europa
Stille Oceaan, 82n
Stip, Kees, dichter, 50n
Stoevenbelt, Anja, verpleegkundige, huishoudster en ikonenschilderes, 83n
Stravinsky, Igor, componist, 123
Studentenecclesia, Amsterdam, 21n; *vgl.* Van Kilsdonk
Sturgeon, T., schrijver, 93n
Submission, rolprent, 55; *vgl.* Theo van Gogh
Sun City, stad in Zuidelijk Afrika, 50, 50n
Superego, psychische autoriteit, 110n; *vgl.* Freud
Suriname, Surinaams, 47n
Šw, *zie* Shu
Swahili, taal in Oost-Afrika, 42n

Tabula Smaragdina, Hermetische tekst, 32, 32n; gelijknamige hedendaagse studie (J. Ruska), 32, 32n
Take, een van de 16 configuraties van het Zuidelijk-Afrikaanse, geomantische (*q.v.*) viertablettenorakel, 14, 14n
Talmoed, wijsheidsverzameling van het Jodendom, *q.v.*, 96n-97n; en Islam, 97n
Tambóekenoe, Nkoya, 'welkom, geëerde gast', 44, 45n
Tanganyika, 42, 42n; *vgl.* Tanzania

Tanzania(ans), 40, 42n-43n; *vgl.* Tanganyika
Taoïsme en zijn beoefenaars, Oudchinese wijsheidsleer, 102n, 125n, 186n; *vgl.* China, *I Ching*
Tears of Rain (Wim van Binsbergen), 83n, 101n, 104n
Tegelen, plaats in Limburg, 82n
Teilhard de Chardin, P., paleontoloog, priester, sciëntistisch mysticus, 92n
Temple, R.F.G., Assyrioloog, 119n
Ter Haar, Bernard, dichter, 8n
Ter Haarstraat, Amsterdam, 81n; *vgl.* Julianaziekenhuis
The Complete Stories of Theodore Sturgeon (Theodore Sturgeon), 93n
THE CONTINUITY OF AFRICAN AND EURASIAN MYTHOLOGIES (Wim van Binsbergen), 15n, 102n
THE EMOTIONAL UNDERTOW (B. Thoden van Velzen), 109n
The Essential Murray Leinster (Murray Leinster), 111n
The Forgotten Language (E. Fromm), 107n
The Lord of the Rings (J.R.R. Tolkien), 134n
The Mythology of South America (J. Bierhorst), 104n
The Silver Skates (M. Mapes Dodge), 117n
The Sirius Mystery (R.F.G. Temple), 119n
The Splendour that was Egypt (M. Murray), 83n
The Unpleasant Profession of Jonathan Hoag (R.A. Heinlein), 125n
Thoden van Velzen, Bonno, psychoanalyserende antropoloog, 109n
Thomas, Dylan, dichter, 138, 138n
Thracië, Thracisch, regio in

Zuid-Oost-Europa, 64, 64n
Through the Looking-Glass (Lewis Carroll), 184n
Tiāmat, Mesopotamisch chaosmonster, 107n, 112n
Tigris, rivier in West-Azië, 120, 120n; *vgl.* Eufraat, Mesopotamië
Titanen, Oudgriekse pre-Olympische mythische gestalten, 64n
Tobavolk, in Noord-Argentinië, 104n
Tolkien, J.R.R., schrijver en filoloog, 134n
Tollundman, veenlijk uit begin van onze jaartelling, Aarhus, Denemarken, 115n
TONY'S PLACE, opschrift op schaftkeet, Haarlem, 12
Trecy, *zie* Saegerman, Patricia
Tristam, legendarische figuur, 170n; *vgl.* Isolde
Troje, Trojaan, grotendeels fictief toneel van de zgn. Trojaanse Oorlog, vooral beschreven door 'Homerus', *q.v.*, 32n; *vgl.* Antenor, Paris, Aeneas. *Ethnicity in...*
Trommel, fictief Afrikaans sterrenbeeld, 40, 40n
Tunesië, 185n; Noord-West-, 151, 151n
Turkije, Turks, 26n; West-, 118n; *vgl.* Ephese, Anatolië
Tweelingen, zodiakaal sterrenbeeld, 35, 35n-36n
Tweestromenland, *zie* Mesopotamië
Tyrus, havenstad aan de kust van Syro-Palestina, 88

Ubuntu, 46n
Ujamaa, socialistisch samenlevingsmodel van Nyerere, 42, 42n
Uncle Tom's Cabin (H. Beecher Stowe), 81n
Universiteit van Zambia, Lusaka, 74

Register

Uruk, stad in Mesopotamië, 164n
Uther, Hans-Jörg, folklorist, 94n
Utnapištim, Mesopotamische zondvloedheld, 165, 111n, 164n-165n; *vgl.* Gilgameš, Dilmun
Utrecht, plaats in Centraal Nederland, 54n, 79n, 82n

V.S.A., *zie* Verenigde Staten van Amerika
Vagevuur, zie Purgatorio
Van Beeck, Trees, 61
Van Beethoven, Ludwig, componist, 133, 133n
Van Binsbergen, Nezjma, 23
Van Binsbergen, Wim, 76, 153, 12n, 129n, 131n, 174n, en *passim*; *vgl.* Johannes; – & Fred Woudhuizen, 96n; – & M.R. Doornbos, 48n; – & Eric Venbrux, 15n
Van den Berg, Erik, letterkundige, 46n
Van den Vondel, Joost, dichter en toneelschrijver, 76
Van der Plas, M., letterkundige, 129n, 131n
Van Dishoeck, uitgeverij, 8in
Van Donzel, E., Islamoloog, 97n
Van Eyck, P.N., dichter, 62n
Van Gogh, Theo, mediapersoonlijkheid en filmmaker, 52, 52n, 54n
Van Gogh, Vincent, schilder, 187, 6in, 186n-187n; oudoom van Theo – , *q.v.*
Van Kilsdonk, S.J., Jan, 21, 21n
Van Leeuwen, Boelie, schrijver, 50n
Van Nelle, distributeur van koffie en thee, 119, 119n
Van Neste, Etienne, belcantodeskundige, 133n
Van Oorschot, Geert, uitgever en schrijver, 135n
Vasalis, M., *ps.* van M. Droogleever Fortuyn-Leenmans, dichteres, 114n
Vat, van Pandora, *q.v.*, 89n, 101n, 104n; *vgl.* Doos...
Vaticaan, te Rome, *q.v.*, Italië, hoofdkwartier van de Rooms-katholieke kerk, 17n
Venbrux, Eric, antropoloog, 15n; *vgl. New Perspectives on Myth*, en Wim van Binsbergen
Venetië, stad in Italië, 15, 15n
Verbond, tussen God en de zondvloedheld, *q.v.*, 102n
Verdaasdonk, Hugo, letterkundige, 131, 144, 131n, 135n
Verenigde Staten van Amerika, V.S.A., 48, 14n, 8in, 91n-92n, 94n; – en Groot-Brittannië, 92n; – en Nederland, 92n; *vgl.* Iraqoorlog, Engels, Pentagon
Vergilius, Oudromeinse dichter, 47, 47n, 65n
Verlichting, (1) rationalistische geestesstroming in de Nieuwe Tijd (2) moment van verlossing (*satori*) uit de eindeloze keten van wedergeboorten (*vgl.* Boeddha, Zen), 111n, 124n
Vers de Collège (A. Rimbaud), 128
Vicit Vis Virtutem, apocrieve variant van Haarlemse wapenspreuk, 11-12, 12n
'Vijand van Regen en Bliksem', *zie* Regenboogslang
Vijzel, fictief Afrikaans sterrenbeeld, 40, 40n
Vissen, *zie* Pisces
Vlaanderen, Vlaams, Belgisch gewest, 57n-60n, 190n; Oost-, 57n
Vlaanderen, Paul, figuur uit hoorspelserie, 32n
Vloed, 85-87, 109, 113; – , deel van deze bundel, pp. 85-126, ook afzonderlijk gepubliceerd (Wim van Binsbergen, 2007), 65n, 106n, 126n

Volkswagen Transporter, merk en type automobiel, 19n
Von Goethe, J.W., 8in
Von Sacher-Masoch, L., auteur, 11n; *vgl. De Sade*
Von Sicard, H., godsdienstwetenschapper, 82n
Voorhoeve, Jan, taal- en letterkundige, 47, 47n
Voorsocratische filosofie, uit de periode en / of thematiek vóór Socrates, 116n; *vgl.* Heraklitus, Empedocles, Zeno, en: *Before the Presocratics*
Vormen (M. Nijhoff), 8in
Vormsel, Rooms-katholieke wijding en overgangsrite, 118n
Vrijgeleide (Wim van Binsbergen), 38, 184n
Vrouw Holle, sprookjesfiguur, 190-191

Waarom God maar één been heeft (J.M. Schoffeleers), 54n, 82n
Wallonië, Walen, Waals, gewest van België, 59, 59n
WALTZING MATHILDE, 59n
Wandlung und Dauer: Die Weisheit Des I Ging (R. Wilhelm), 116n
Washington, hoofdstad van de V.S.A., 43
Water, 100, 107, 165n; Wateren, 97, 101, 65n; *vgl.* Land; Water, en Land, 6in, 98n, 100n, 111n; *vgl.* Meesteres van de Wateren
Waterman, zodiakale constellatie, 35, 35n
Weidenfeld & Nicholson, uitgeverij, 119n
Wenen, hoofdstad van Oostenrijk, 125n
Wereldoorlog, Eerste – , 33n; Tweede – , 19n, 31n, 125n
Werke (F. Nietzsche), 125n
Westers denken, 6in, 184n
West-Matabeleland, *zie* Zimbabwe
'Wijdeblik', *zie* Europa

Register

Wildiers, N. Max, theoloog, 92n
Wilhelm, R., exegeet van *I Ching*, 116n; *vgl. Wandlung und Dauer...*
Willem Alexander, koning der Nederlanden, 89n
Willemstad, plaats op Curaçao, 50n
William Morrow, uitgeverij, 104n
Winter, uitgeverij, 32n
Wisjnoe, Indiase god, 119n
Woodstock, plaats waar in 1969 een sindsdien beroemd popconcert plaatsvond, 187
Woord, 52, 131; –en, 89; – equivalent aan God in *Joh.* 1:3, 185n
Wortegem-Petegem, plaats in België, 79n
Woudhuizen, Fred, Oudhistoricus, 96n; *vgl. Ethnicity in Mediterranean Protohistory*, en Wim van Binsbergen

Xhosa, etnische groep en taal, Zuid-Afrika, 46n; en het Engels, 46n
Xylofoon, fictief Afrikaans sterrenbeeld, 40, 40n

Yam, Westaziatische zee-/chaosgod, 107n, 112n; – en Leviathan, 107n, 112n; *vgl.* Tiamat, Neith
Yoruba, etnische groep en taal in West-Afrika; – god, 32n; *vgl.* Shango

Zaltbommel, 89n
Zambezi, rivier in Zuidelijk-Centraal-Afrika, 120n
Zambia, 38, 74, 43n-44n, 65n, 83n, 101n, 112n, 151n, 174n; Westelijk –, 15n, 44n; *vgl.* Nkoya, Lozi
Zanzibar, eiland en stad in Tanzania, 42m 42n
Zen-Boeddhisme, 124, 124n; *vgl.* Boeddhisme
Zeno, Voorsocratische filosoof, 184n
Zeus, Olympische hoofdgod in Oud-Griekenland, 17n, 61n, 102n, 186n; *vgl.* Kronos, Europa
Zeven Zusters, Zevengesternte, 105, 105n; *vgl.* Pleiaden
'Zij van het Riet en de Bij', Oudegyptische koningstitel, 101n
Zijnde, *zie* Het Zijnde
Zimbabwe, West-Matabeleland, 174n; *vgl.* Matoposheuvels
Ziusudra, zondvloedheld in het Oude Nabije Oosten, 111n
Zocher, Jr, J.D., landschapsarchitect, 27n
Zoeloe, volk en taal in Zuidelijk-Afrika, 45n, 65n
Zondvloed, wereldwijd mythisch motief van het ongedaan maken van de wereld-ordenende scheiding tussen Hemel en Aarde, 165, 95n-96n, 100n, 124n; zondvloedheld, *vgl.* Noaḥ, Ziusudra, Utnapishtim, *etc.*; *vgl.* FLOOD STORIES...., Sodom en Gomorra (vurige –), Azië, Fu Xi, Nu Wa
Zoon, van God, 55, 61n, 119n, 123n, *vgl.* Jezus; – van de Meesteresse van de Wateren, 98n, *vgl.* Land, God
'Zout Water en Zoet Water', 165n; *vgl.* Baḥrayn
Zuidereiland, *zie* Nieuw-Zeeland
Zusje, *zie* BROERTJE EN ZUSJE
Zwarte Zee, 19n

www.ingramcontent.com/pod-product-compliance
Lightning Source LLC
Chambersburg PA
CBHW051052160426
43193CB00010B/1162